Einladungen

René Zey • Antje Bellingen

Einladungen texten & gestalten

FALKEN

INHALTSVERZEICHNIS

EINLEITUNG

So viele Gründe es gibt, Feste zu feiern, so viele Möglichkeiten gibt es, dazu passende Einladungen zu verschicken. Sie sind Teil der oft umfangreichen Festvorbereitungen und gelten als Vorbote des Gastgebers, als eine Art Visitenkarte, die besonders dann ins Auge springt, wenn sie kreativ und phantasievoll gemacht ist. Von vorgedruckten, oft einfallslosen Einladungskarten wird deshalb wenig in diesem Buch zu lesen sein. Statt dessen steht die selbstgestaltete Einladung im Mittelpunkt, die mit verhältnismäßig geringem Zeit- und Bastelaufwand, mit wenigen Accessoires und mäßigem künstlerischem Geschick individuell hergestellt werden kann.

Wie man sie textet und graphisch gestaltet, wie man Accessoires einsetzt, mit Fotos und Cartoons, Aufklebern, Stickern, Fotokopien und Zeitungsschlagzeilen spielt, welche Grundregeln man beachten muß, welche Formen und welche Konventionen es gibt, darüber wird ausführlich berichtet. Traditionelle Feste und private Anlässe wie Taufe, Kommunion, Konfirmation oder Hochzeit werden dabei ebenso berücksichtigt wie Geburtstag, Klassentreffen, Kinderfest, Fasching, Wohnungseinweihung, Party oder Rendezvous zu zweit. Ein separater Teil am Buchende beschreibt anhand ausgewählter Beispiele die »Feste nach Lust und Laune«, zu denen man spontan und impulsiv einlädt.

Jedes der rund 25 Kapitel in diesem Band hat einen klar strukturierten Aufbau: Einer knappen, prägnanten Charakterisierung des Festes folgen jeweils konkrete Tips und Anregungen zur textlichen und graphisch-dekorativen Gestaltung einer Einladung sowie Mustertexte und Gestaltungsvorschläge in oft mehreren Varianten.

Als Anregung und Inspirationsquelle, aber auch als kleiner Leitfaden für die Wahrung der Etikette gedacht, wird dieses Buch damit zu einem kompetenten Ratgeber in allen Zweifels- und

Stilfragen rund um die persönliche Einladung. Für einige Mustervorlagen erhielten die Autoren ihrerseits Anregungen von Freunden, Bekannten, Nachbarn und Graphikerkollegen. Besonderer Dank gilt daher Jutta und Hubert Bergmoser, Ulla Diallo, Bärbel und Dirk Ellerbrok, Martina und Hartmut Ernst, Camilla van Heumen, Susanne Hillen, Kirsten und Roland Hillenbrandt, Stefan Kirner, Anne Matthies, Christel und Peter Pilath, Ingrid Reuter, Jochen Schroer, Markus Stegmann, Bärbel Tamme sowie Heike und Oliver Waffender, ohne die das Spektrum dieses Buches weniger breit und bunt geworden wäre.

DIE SCHRIFTLICHE EINLADUNG

Schriftliche Einladungen gehören zu den Grundformen des gesellschaftlichen Umgangs. Kann man bei Festen im kleinen Kreis oder bei spontanen Einfällen zum Telefonhörer greifen, um Freunde oder Nachbarn kurzfristig zu einem gemütlichen Zusammensein einzuladen, werden Anlässe wie Geburtstage, Hochzeiten oder Taufe schriftlich angekündigt. Dies hat den Vorteil, daß dem Gast Termin, Ort und Anlaß schwarz auf weiß vorliegen und er das Datum der Feier nicht so schnell vergißt. Darüber hinaus hat sich das Versenden von Einladungskarten – trotz gelockerter gesellschaftlicher Konventionen – als eine in jeder (Alters-)Schicht akzeptierte Form erhalten.

Zu Hochzeiten, Jubiläen, Empfängen, offiziellen Festessen, aber auch zu kirchlichen Festen wie Taufe, Kommunion oder Konfirmation wird dabei förmlich und eher sachlich eingeladen. Die gedruckte Karte, die man nach eigener Vorgabe oder aus Musterbüchern (in jeder guten Druckerei einsehbar) in Auftrag geben kann, ist hier die Regel. Dies geschieht auch deshalb, weil die Zahl der eingeladenen Gäste bei solchen Feiern hoch ist und eine technisch reproduzierte Karte, in der lediglich die Namen per Hand eingetragen werden, viel Arbeit und Zeit erspart.

Ist der Kreis der Gäste klein, wird anstelle eines Telefonats oft auch eine Einladung selber hergestellt. Durch Collagen, Aufkleber, Fotos oder Zeichnungen wird ein handschriftlicher Text graphisch ergänzt und anschließend zumeist fotokopiert. Man kann dabei aufwendige Klapp- oder Faltkarten basteln, Schiebekarten entwerfen oder Postkarten, die zum Anlaß des Festes passen, durch Übermalen, Ergänzen u.ä. verfremden. Auch textlich ist eine größere Variationsbreite als bei gedruckten Karten möglich. Ob man sich für diese persönliche Art der Einladung oder für die konventionellere Art entscheidet, in beiden Fällen gilt es einige allgemeine Regeln zu beachten.

Tips zu Form und Inhalt

Einige Grundregeln

- Stellen Sie den Anlaß der Einladung deutlich heraus. Machen Sie dies durch die graphische Gestaltung deutlich oder durch Textzusätze wie »... zum Käsefondue«, »... zum Kostümfest« oder »... zum 30. Geburtstag«.
- Notieren Sie, an welchem Tag Ihr Fest stattfindet, und geben Sie die genaue Uhrzeit an, wann Sie Ihre Gäste erwarten. Machen Sie deutlich, ob Sie auf Pünktlichkeit Wert legen (zum Beispiel bei einem Abendessen) oder ob Sie ab einem bestimmten Zeitpunkt mit Ihren Gästen rechnen (zum Beispiel bei einem Empfang, einem Polterabend oder einem Sommerfest im Garten).
- Nennen Sie den Ort, an dem gefeiert wird – mit Straßenbezeichnung, Postleitzahl, Stadt und ggf. Telefonnummer (zum Beispiel »Haus Dörner, Rüttenscheider Straße 126a, 45130 Essen, Telefon: 0201/773091«). Dies ist vor allem dann wichtig, wenn die Tagesadresse vom Ort einer vorhergehenden Veranstaltung (wie bei einer Taufe oder Hochzeit) abweicht.
- Geben Sie für Ihre auswärtigen Gäste ein Hotel an, in dem Sie eine ausreichende Zahl von Zimmern reserviert haben. Machen Sie deutlich, ob Sie die Kosten für die Übernachtung tragen oder nicht.
- Wenn Sie auf einer frühzeitigen Zusage bestehen, sollten Sie dies durch das gängige Kürzel »U. A. w. g.« (Um Antwort wird gebeten) deutlich machen, ggf. durch den Zusatz »bis zum...«. Sie können der Einladung auch vorgedruckte Antwortkarten beilegen, die Sie aus Gründen der Höflichkeit vorfrankieren sollten.
- Da die Frage der Kleidung Ihren Gästen oft Kopfzerbrechen bereitet, sollten bei offiziellen Einladungen Hinweise auf die erwünschte Garderobe nicht fehlen. Ein Kürzel wie »Dunkler Anzug«, »Abendkleidung« oder »Frack« genügt hier.

☐ Ich/Wir komme/n!

☐ Ich bin/Wir sind verhindert!

☐ Ich/Wir rufe/n an!

☐ Ich/Wir komme/n mit ..... Personen!

Dein/Deine ....

- Gästen, die von auswärts kommen und seit geraumer Zeit nicht bei Ihnen waren, sollten Sie einen Lageplan und/oder eine Wegskizze beilegen. Dies ist vor allem nachts und in ländlichen Gegenden hilfreich.
- Wenn Sie Ihre Einladungen zwei oder drei Wochen vor dem eigentlichen Fest verschickt haben, können Sie kurz vorher noch einmal mit sogenannten Erinnerungskarten auf Ihre Einladung hinweisen. Die wichtigsten Daten wie Ort, Datum und Uhrzeit sollten dann noch einmal vermerkt werden.

Überlegungen zum Text

Konventionelle Feste wie Taufe, Firmung, Silberhochzeit u.ä. schreiben durch ihren religiösen und/oder seriösen Charakter eher konventionelle Einladungen vor. Das Spektrum graphischer und textlicher Variationen ist hier nicht sehr breit.

Freier und origineller dagegen wird man zu Festen wie Geburtstagen, Partys oder Examensfeiern einladen. Hier bestimmt oft das Motto die Gestaltung und durchdringt sie sowohl textlich als auch graphisch. Ein Kindergeburtstag, der beispielsweise in einem Frei- oder Hallenbad gefeiert wird, könnte etwa als großformatige Eintrittskarte konzipiert werden und textlich Sprechblasen und Ausrufe über Schwimmen, Tauchen oder den allgemeinen Badespaß enthalten. Eine Einladung zur »Blue Night« mag von »Blauen Wundern«, »Blaubärten« und »Blaustrümpfen« reden, mag Blue Jeans als Kleidervorschrift verlangen oder als Musik Blues und Bluegrass (eine Stilform der Country-and-western-Music) ankündigen.

Je konkreter das Motto eines Festes ist, desto eher läßt sich textlich mit zum Thema passenden Überschriften, Zitaten oder Zeitungsausschnitten arbeiten. Manche Einladungen erhalten ihren Witz auch durch ihre besondere Stilform. So kann man zu einem Kostümfest im Stil einer Detektei einladen (»Streng

vertraulich! – Wie ich aus zuverlässiger Quelle erfahren habe, beabsichtigt Frau B. eine kleine Jubiläumsfeier in ihrer Wohnung, Lippstraße 8 in Bergheim, zu geben...«, siehe Seite 75).
Eine Abschiedsfeier anläßlich eines Umzuges in die Schweiz mag auf die sprachlichen Eigentümlichkeiten der Eidgenossen anspielen (»Für Herrn besteht Grawaddn- und für Damn Minirogg-Flicht...«).
Einladungen zu (runden) Geburtstagen können textlich interessanter konzipiert werden, wenn man ihnen Schlagzeilen aus dem Geburtsjahr voranstellt. Sie kann man aus Geschichtsbüchern oder Standardwerken wie »Chronik des 20. Jahrhunderts« bzw. »Chronik-Jahrgangsbänden« entnehmen. Analog kann man einer Einladung zur Feier einer Geburt die wichtigsten Zeitungsschlagzeilen des Geburtsdatums voranstellen.
Einladungen wirken oft aber auch durch die geschickte Kombination mit einem Bild besonders zündend. Für ein »Dinner for two« (siehe nächste Seite) oder eine Einladung ins Kino genügt eine entsprechende Anzeige des Restaurants oder des Kinofilms, die man aus einer Zeitung ausschneiden und auf eine Karte mit dem handschriftlichen Zusatz »Bist eingeladen am Samstag, dem 20. November 19.., 20 Uhr...« kleben kann.
Eine Postkarte mit der Aufschrift »Komm in mein Boot...« mit handschriftlich eingefügter Telefonnummer und dem Namen des Absenders genügt als Einladung zu einem Rendezvous.
Abraten würden wir von Einladungen in Reimform wie »Nach langem Zaudern, Zögern, Zagen/wollen wir es endlich wagen:/ Bald werden läuten die Hochzeitsglocken./Unsere Eltern hört man begeistert frohlocken...« Ein solcher Text wirkt antiquiert und überholt; er wirft – wenn er nicht tadellos und auf hohem Niveau verfaßt ist – einen Schatten der Peinlichkeit auf den Absender.

DINNER FOR TWO

im Restaurant Burgwiese

Du bist eingeladen,
morgen um 19.00 Uhr.
Dein Robert

Restaurant
BURGWIESE
Im Burgacker 12, Achenstein, Tel. 0631/44321

Tischreservierung erforderlich

Überlegungen zur Graphik

Das persönliche, kreative Moment selbstgestalteter Einladungskarten zeigt sich neben Originalität im Text vor allem in der individuellen graphischen Gestaltung. Hier können kleinere Zeichnungen, eingeklebte Accessoires, fotokopierte Comicfiguren oder Fotos Großes bewirken.

Gefüllte Gläser, Sektflaschen oder Sektkorken sind allgemeine Symbole, die für Feiern stehen. Ringe oder Kutschen verweisen auf Hochzeiten; Kreuze, Kerzen oder andere christliche Symbole auf Taufe, Firmung oder Kommunion. Ein Buffet kann durch Silhouetten eines Bestecks oder Tellers angedeutet werden, ein Waldfest durch Zeichnungen von Blättern und Bäumen. Schreiben Sie das Datum Ihrer Einladung in einen Abreißkalender, oder malen Sie neben der Uhrzeit einen Wecker. Kopieren Sie das Logo des Restaurants oder Hotels, in dem Sie feiern wollen, und kleben Sie es in die Karte, anstatt bloß Name und Adresse der Örtlichkeit anzugeben.

Manche Feste erlauben es, die Einladung auf bestimmte Gegenstände wie Luftballons (Kindergeburtstage), Tapete (Wohnungseinweihung), Kaffeefilter (Kaffeekränzchen) oder Servietten (Einladung zum Grillfest) zu schreiben. Andere Anlässe vertragen Beigaben, die auf den Inhalt des Festes verweisen: Eintrittskarten (Einladung ins Kino oder ins Theater), Speisekarten (Einladung zum Essen), Fahrradflicken (Einladung zur Radtour), ein Stück Teppich oder Fliese (Einladung zur Hauseinweihung), Nudeln (Pastafete) oder eine Kopfschmerztablette (für ein »Midnight Special«).

Erste Anregungen für die graphische Gestaltung Ihrer Einladung können Sie in Kaufhäusern, in graphischen Abteilungen von Schreibwarenläden oder in Dekorationsgeschäften bekommen. Hier gibt es verschiedene Bogen mit selbstklebenden Motiven, die speziell zum Verzieren von Briefen und Karten entworfen wurden (zum Beispiel von der Firma Zweckform oder Zdesign). Die Firma Letraset führt eine Kollektion mit Abreibemotiven, die von Herzen, Störchen, Wiegen, Brautpaaren, Geburtstagskuchen, Babyköpfen, Lorbeerkränzen und Sektflaschen bis zu Weihnachtsmännern und Osterhasen reicht. In Poster-Shops und speziellen Postkartenläden gibt es eine große Auswahl von Motiven, die zu Anlässen wie Rendezvous (etwa Fotografien von Monika Robl, Helmut Newton oder Eugene Smith), Kinobesuch (Postkarten von Filmstars, -szenen und -plakaten) oder Wohnungseinweihung (»Zollstöcke« von Cildo Meireles) passen.

Wer auf gekaufte Postkarten verzichten will, sollte auf eigene Fotos zurückgreifen und sie in die Einladung integrieren. Dies kann ein Kinderporträt sein, dem man eine Sprechblase in den Mund legt (»Die letzten 40 Jahre sind nicht ganz spurlos an mir vorübergegangen«) oder ein Foto des Paares, das zur Verlobung oder zur Hochzeit einlädt.

Denkbar ist auch eine Fotocollage (zum Beispiel für eine Einladung zum 50. oder 60. Geburtstag), die markante Szenen aus dem Leben des Jubilars zeigt. Als aufwendigere, aber auch reizvollere Variante bietet sich eine Collage von Fotos und selbstentworfenen Zeichnungen an.

Je nach Anlaß des Festes kann man auch bestimmte Urkunden (Mietvertrag, Geburtsurkunde, Grundbucheintrag) oder Gegenstände (zum Beispiel Autoschlüssel für eine Einladung zur Probefahrt oder zur Party nach der bestandenen Führerscheinprüfung) fotokopieren und auf die Einladungskarte kleben. Ein fotokopierter Grundriß paßt gut zur Hauseinweihung, ein fotokopiertes CD-Cover zur Einladung zum Probehören (siehe Gestaltungsbeispiel auf Seite 66 unten).

Aus Zeitungen oder Comic-Heften kann man Cartoons oder zum Anlaß passende Bilder bzw. Anzeigen fotokopieren. Denkbar ist auch, den kompletten Einladungstext aus Zeitungsbuchstaben bzw. -wörtern und -schlagzeilen zu gestalten.
Wer Originalität durch eine besondere Schriftwahl anstrebt, kann die vielfältigen Möglichkeiten nutzen, die ein Personal Computer in Verbindung mit einem Schriftenpaket und einem Laserdrucker bietet. Zahlreiche Copy-Shops bieten inzwischen auch preisgünstige Satzarbeiten nach Vorlage an.
Wer die Kunst der Kalligraphie beherrscht, kann Einladungen zu konventionellen Feiern wie Taufe oder Konfirmation in einer besonders schönen, vielleicht sogar mit einem Initial verzierten Schrift herstellen.

Überlegungen zur Form der Karte

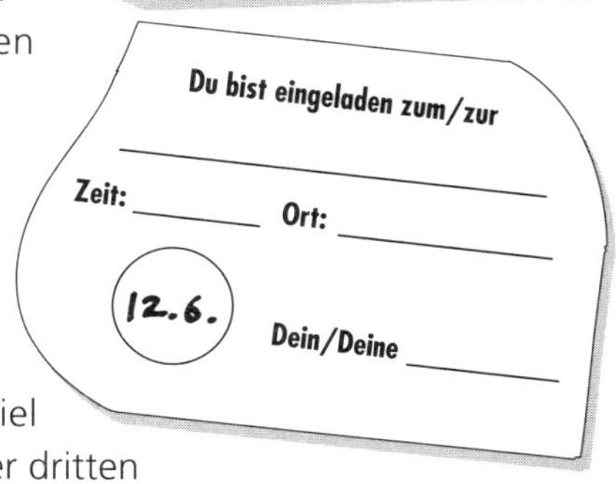

Ohne großen Aufwand lassen sich Faltkarten herstellen, die durch Aufklappen den Text preisgeben und gleichzeitig ein graphisches Motiv plastisch hervortreten lassen.
Für eine Hochzeitseinladung kann man beispielsweise ein Foto des Paares auf die erste Seite einer Faltkarte kleben, dann aber mit einer Schere den Konturen im oberen rechten Drittel entlangschneiden, so daß der Text (zum Beispiel »Heidi Bansberg und Stefan Pütz«) auf der dritten Seite der Faltkarte zum Vorschein kommt. Der Haupttext (Hochzeitstermin, Ort der Feier etc.) wird erst lesbar, wenn die erste Seite der Karte umgeklappt ist.

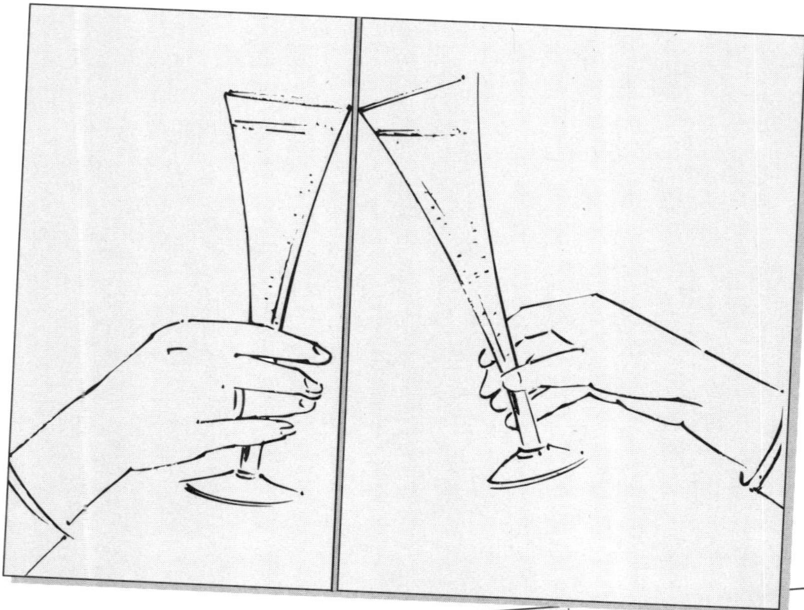

Die gute Ehe
ist ein ewiger
Brautstand.
Theodor Körner

Achim Kern

laden zur Hochzeit ein.

Unsere zukünftige Adresse:
Hauptstraße 10
65198 Lingstadt

Ähnlich kann man zwei Sektgläser durch Falten optisch aneinanderstoßen lassen oder durch Ausschneiden eines Fensters auf der ersten Seite der Karte den Blick auf ein Foto oder ein Datum lenken, das erst durch Aufklappen in das eigentliche Textumfeld (auf der dritten Kartenseite) eingebunden wird (vergleiche hierzu die Abb. Seite 15).
Besondere Einladungskarten wird man für Kindergeburtstage oder -feste (siehe Seite 44 und 70) entwerfen.
Beachten Sie außerdem: Durch die neuen Postbestimmungen seit dem 1. Juli 1993 sind dem Einladenden zwar keine kreativen Grenzen gesetzt, durch die Einteilung in Standard-, Kompakt-, Groß- und Maxibriefe muß man jedoch wesentlich mehr Porto bezahlen, wenn die Einladung über 50 Gramm bzw. 23,5 x 12,5 cm und eine Dicke von 1 cm hinausgeht.

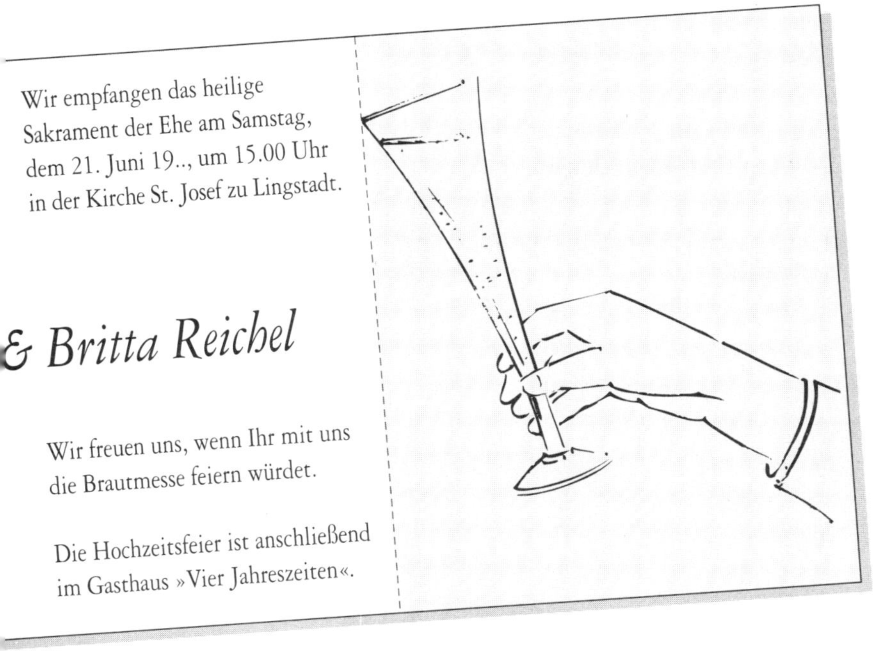
Wir empfangen das heilige Sakrament der Ehe am Samstag, dem 21. Juni 19.., um 15.00 Uhr in der Kirche St. Josef zu Lingstadt.

& Britta Reichel

Wir freuen uns, wenn Ihr mit uns die Brautmesse feiern würdet.

Die Hochzeitsfeier ist anschließend im Gasthaus »Vier Jahreszeiten«.

Überlegungen zum Medium

Wer seine Einladungen weit abseits ausgetretener Pfade gestalten will, kann neben den bisher aufgezeigten Möglichkeiten das Medium Karte wechseln und seine Einladung in einer ganz anderen Form präsentieren. Es wird dabei vom Adressaten abhängen, ob er eine besprochene Kompaktkassette abhören, eine Diskette einlesen, eine Mailbox leeren oder ein Telefax empfangen kann (letztere eignen sich übrigens hervorragend für Spontaneinladungen).

Mit diesen neuen technischen Möglichkeiten zu spielen ist besonders reizvoll und sicherlich weniger abgegriffen, als den Text einer Einladung zum Rendezvous mit Lippenstift oder Nagellack zu schreiben oder eine Einladung zum Diaabend in ein Stück Positivfilm einzukratzen.

In vielen Städten gibt es inzwischen auch spezielle Agenturen (zu ermitteln über die »Gelben Seiten«), die nicht nur Grüße überbringen, sondern auch persönliche Einladungen aussprechen – ob als Ein-Mann-Orchester, als Schornsteinfeger oder Straßenmaler, der vor einer bestimmten Haustür seine Botschaft hinterläßt.

MUSTERTEXTE UND GESTALTUNGSVORSCHLÄGE

Traditionelle Familienfeste

Geburt

Die Geburt eines Kindes macht aus einem Paar eine Familie. Da Mutter und Kind die ersten Tage nach der Geburt zumeist im Krankenhaus verbringen, hat es sich eingebürgert, die Anzeige der Geburt entweder in der Tageszeitung zu veröffentlichen oder Freunden, Verwandten und Bekannten eine gedruckte Anzeige zukommen zu lassen. Eine besondere Einladung zur Feier der Geburt erfolgt dabei allerdings nur selten.

Wer das Ereignis dennoch feiern will, kann dies mit einem knappen Zusatz auf der eigentlichen Geburtsanzeige vermerken. Als graphische Elemente der Einladungskarte sind Motive wie Babyschuhe, Wiegen, Schnuller u. ä. gut geeignet. Wenn die Zeit nicht drängt, läßt sich ein Foto des Kindes machen und in eine Faltkarte kleben. Textlich originell wirkt eine Zusammenstellung der wichtigsten Schlagzeilen, die am Tage des Neugeborenen die Presselandschaft beherrschten. Denkbar ist auch eine kurze Ausführung über den Vornamen des Kindes, die sich leicht aus gängigen Vornamenlexika entnehmen läßt. Sie kann gut die erste Seite einer Faltkarte zieren (siehe Muster auf dieser Seite). Alternativ kann man die Lebensgeschichte des Namenspatrons kurz darstellen.

Julia (auch) Julie: weiblicher Vorname lateinischen Ursprungs, weibliche Form von Julius. Der Name ist in Deutschland allgemein bekannt durch die Julia in Shakespeares Drama »Romeo und Julia«. Zu der Beliebtheit der Namensform Julie im 18. Jh. trug Rousseaus vielgelesener Briefroman »Julie oder die neue Heloise« bei.

Wir freuen uns über die Geburt
unserer Tochter
und laden zu einer kleinen Feier
am 16. 3. 19.. ab 14.00 Uhr
ein.

Die glücklichen Eltern
Heinz und Cindy Reichert
Dietzmannweg 25
50226 Frechen

Erste Seite einer Karte:

Dienstag, 25. August 1987

Unwetter in den Alpen:
20 000 Menschen evakuiert

Glückwünsche zum 75. Geburtstag Erich Honeckers

Denver-Biest Joan Collins in Los Angeles geschieden

Schalke krönt Fußballfest mit 3:1-Sieg über Bochum

Bilderbuch-Geburt in Bochum-Langendreer

Zweite Seite der Karte:

Bilderbuch-Geburt in Bochum-Langendreer

Zehn Tage vor dem errechneten Zeitpunkt und wild entschlossen, diesen verregneten Dienstag außerhalb des Mutterleibs zu erleben, überraschte Lennart Zey am 25. August 1987 seine Eltern Dagmar und René.

Weil er pechschwarze Haare hat und braune Augen, gesund ist und wir ihn zum Knuddeln gern haben, feiern wir am 1. September um 18 Uhr bei uns in Bochum eine ausgelassene Kreißsaal-Fete.

Erste Seite einer Karte:

Unser neues Projekt ist da:

Angelika

Zweite Seite der Karte:

HARDWARE:

Gewicht: 3800 g
Größe: 54 cm
lauffähig in ca. 1 Jahr

SOFTWARE:

Version 1.0
mit Sprachausgabe
(wird noch verfeinert)
100% kompatibel zu den Eltern

Cornelia und Gregor Marre
Am Lenneberg 25
65321 Heidenrod

NETZWERK:

Zur Pflege freundschaftlicher Verbindungen
servieren wir am 8. Februar 19.. ab 11 Uhr
Gutes bei uns zu Hause.
Bitte frühzeitig an- oder abmelden.
Die Mailbox steht offen unter 02 01/28 68 41

Taufe

Die Taufe ist für alle Konfessionen von großer Bedeutung, da hier das Sakrament der Aufnahme in die christliche Kirche empfangen wird. Die Tauffeier, die sich der Taufhandlung in der Kirche anschließt, wird heute zunehmend im engeren Familienkreis durchgeführt. Eingeladen werden Großeltern, Onkel und Tanten, die Paten und eventuell der Taufpriester. Vielfach lädt man auch gute Freunde oder dem Kind nahestehende Nachbarn ein.
Wer auf handelsübliche Einladungen, die in der Regel mit den Symbolen des Kreuzes, der Taufkerze oder des Taufkleides illustriert sind, verzichten will, kann eine selbstgestaltete Einladung mit dem Foto des Täuflings oder mit dem Taufspruch schmücken. Da der Kreis der Gäste klein und überschaubar ist, bietet es sich an, den Text handschriftlich und persönlich zu verfassen.

Lieber Gerd,

könnte Rainer schon schreiben, würde er diese Zeilen freudig selber notieren:

Sonntag, 8. 9. 19.., 11 Uhr, Taufe in St. Severin.

Wir wollen Dich zur Taufzeremonie und gleichzeitigem Gemeindegottesdienst einladen und möchten Dich bitten, im Anschluß an unserer Festtafel bei uns zu Hause teilzunehmen. Bitte gib uns Nachricht, ob Du kommen kannst.

Viele Grüße
Helga und Klaus Kramer

Erstkommunion

In der katholischen Kirche bedeutet die Erstkommunion die erste, mit Feierlichkeiten verbundene Teilnahme eines Kindes an der Eucharistie. Sie stiftet die Gemeinschaft mit Christus wie auch mit den anderen Gläubigen.

Als ein Fest, das die Familie im engeren Sinn betrifft, lädt man Großeltern, Paten sowie Verwandte und Personen ein, zu denen das Kind eine persönliche Beziehung hat.

Die Form der Einladung sollte dem eher besinnlichen Anlaß des Festes entsprechen und kann religiöse Motive wie Kreuze oder Hostien tragen. Denkbar ist auch, der Einladungskarte ein Heiligenbildchen beizulegen oder es auf die erste Seite einer Faltkarte zu kleben. Der Myrtenkranz, den die Mädchen oft zu ihren weißen Kleidern tragen, ist ein ebenso legitimes Symbol wie die Kerze, mit der Jungen und Mädchen feierlich in die Kirche einziehen.

Wer auf handelsübliche, gedruckte Einladungskarten zurückgreift, sollte dem Standardtext ein paar handschriftliche Zeilen hinzufügen. Das wirkt persönlicher.

Um die Geladenen auf das Fest einzustimmen, kann man der Einladung die Fotokopie eines zum Anlaß passenden Textes beigeben, wie etwa Auszüge aus der feinfühlig geschriebenen Geschichte »Der Kommunionanzug« von Karl Valentin.

Lieber Hubert,

zur Feier der Erstkommunion unserer Tochter Daniela am 16. April 19.. möchten wir zum Kirchgang und anschließenden Mittagessen einladen.
Wir wollen uns dazu um 10 Uhr in der Marienkirche Hamburg-Altona, Spindelweg 19, treffen.

Julia und Wolfgang Jahnke

Liebe Familie Lengert,

am kommenden Weißen Sonntag wird unsere Tochter Barbara zum ersten Mal vollständig an einer katholischen Messe teilnehmen und die erste heilige Kommunion empfangen. Wir freuen uns, daß dadurch offiziell die Gemeinschaft mit Christus und zugleich allen Gläubigen vollzogen wird und laden dazu zur 9-Uhr-Messe in die Antoniuskirche in Hattingen ein. Im Anschluß geben wir bei uns zu Hause einen Empfang mit kaltem Buffet.

Monika und Erhard Wunsch
Tagesadresse: Ehrenstraße 14, Hattingen

Firmung

Die Firmung ist das Sakrament des mündigen Christen, das gewöhnlich vom Bischof durch Handauflegen oder Salbung gespendet wird. Der Firmling wird dadurch als vollberechtigtes Mitglied in der katholischen Kirche bestätigt.
Als Familienfest mit religiösem Charakter lädt man enge Verwandte sowie die Familie des Paten ein. Anders als bei der Kommunion verlaufen die Feierlichkeiten zur Firmung in einem eher erwachsenen, dem 14- bis 15jährigen Firmling angemessenen Stil. Dabei ist es denkbar, daß sich die Gäste zu einem Ausflug an einen religiösen Ort entschließen, um dort den besonderen Tag zu vertiefen.
Die Gestaltung der Karte kann diesen Anlaß hervorheben und beispielsweise durch ein Foto oder eine Zeichnung der Wallfahrtsstätte, des Klosters oder der Kirche illustrieren. Denkbar ist auch, ein Foto vom Firmling und Firmpaten auf die erste Seite einer Faltkarte zu kleben – als Bezeugung der geistigen Verwandtschaft zwischen beiden. Handelsübliche Karten zeigen zumeist Szenen der Handauflegung oder der Salbung der Stirn mit Öl.

Aufgrund des kleinen Kreises, der eingeladen wird, darf der Text persönlich und handgeschrieben sein.

Lieber Wilhelm,

am 21. Mai erhält Marcus das Sakrament der Firmung. Wir wollen nach dem Gottesdienst in St. Audomar (Beginn 10 Uhr) gemeinsam mit den Paten an die Weser fahren und das Kloster Lippolsberg besuchen, anschließend die Reichsabtei Corvey. Den Abend werden wir im Kreise der Familie bei einem Festessen verbringen.
Für Deine Übernachtung ist gesorgt; wir haben ein schönes Zimmer im »Hotel Heider« gebucht. Es freuen sich auf Dich

Sabine, Rainer und Marcus Landvogt

Konfirmation

Die Konfirmation ist die feierliche Aufnahme junger Christen in die evangelische Gemeinde, womit die Zulassung zum Abendmahl und das Recht zur Patenschaft verbunden ist. Geladen werden zu diesem Fest in der Regel nahe Verwandte, die Paten und enge Freunde, gelegentlich auch Nachbarn.
Wer sich für handelsübliche Karten entscheidet, wird darauf religiöse Motive finden, die zumeist Szenen des Abendmahls zeigen. Wer die Einladungskarten selbst gestaltet, sollte eine dem Anlaß gebotene Schlichtheit anstreben. Kupferstiche in illustrierten Bibelausgaben (etwa von Matthaeus Merian oder in der sogenannten Luther-Bibel) lassen sich sehr gut fotokopieren. Wer kalligraphisch geschickt ist, kann seine Einladung an das Schriftbild der Gutenberg-Bibel anlehnen und sie wie eine mittelalterliche Handschrift gestalten – mit schmaler Spaltenbreite, farbigen Initialen und verzierten Randleisten.

Durchaus üblich ist, daß die Einladung vom Konfirmanden oder der Konfirmandin selbst verfaßt wird, auch um die durch die Konfirmation gewonnene Selbständigkeit und die Aufnahme in die Erwachsenengemeinschaft zu unterstreichen.

Lieber Paul,

am 8. Juni 19.. werde ich in die Gemeinde der erwachsenen Christen aufgenommen.

Zum Gottesdienst, zur feierlichen Einsegnung und zum Abendmahl lade ich Dich für 16.30 Uhr in die St.-Ulrich-Kirche, Gibertstr. 54.

Wir wollen anschliessend bei uns zu Hause mit einem kleinen Buffet den Tag meiner Konfirmation feiern.

Auf Dein Kommen freue ich mich Dein Holger

Verlobung

Der Zweck einer Verlobungsfeier liegt in dem gegenseitigen Versprechen, daß zwei, die sich lieben, kurz- oder langfristig die Ehe miteinander eingehen wollen. Gefeiert wird dieses Ereignis mit den Eltern der zukünftigen Brautleute, mit nahestehenden Verwandten und/oder Freunden.

Wird auf gesellschaftliche Formen Wert gelegt, können Eltern und Kinder die Verlobung gemeinsam auf einer Einladungskarte anzeigen, wenn die Kinder noch bei den Eltern leben und diese die Verlobung ausrichten. Jeder kann jedoch das Verlöbnis auch allein anzeigen, was sich besonders dann empfiehlt, wenn Eltern und Verlobte jeweils einen eigenen großen Freundeskreis haben.

Gestalterisch eignen sich für solche Einladungskarten kleine, zum Anlaß passende Zitate, ein gemeinsames Foto der Verlobten oder fotokopierte Kupferstiche, Vignetten u. ä., die sich in älteren Büchern zum Thema Verlobung und Hochzeit leicht finden lassen. Denkbar ist auch, die Ringe mit den eingravierten Vornamen abzubilden (die Nachnamen werden bei der Hochzeit zusammen mit dem Datum der Eheschließung dazugraviert). Darüber hinaus sind Motive der Zweisamkeit (gezeichnetes Paar, zwei Hände, zwei Menschen auf einer Bank u. ä.) möglich.

Inhaltlich sollte man zwischen förmlichen und persönlichen Einladungen unterscheiden. Es gilt hier, was ausführlicher im Kapitel »Hochzeit« (Seite 33) dargelegt ist.

Sehr geehrte Frau Binsfeld,

zur Verlobung unseres Sohnes Georg Blochmann mit Frau Carmen Söntgerath veranstalten wir einen kleinen Empfang in unserem Haus, Hornstraße 66 in Bergisch-Gladbach. Es würde uns freuen, wenn wir Sie am 23. November 19.. um 18 Uhr mit zu unseren Gästen zählen könnten.
Werden Sie uns die Freude machen und zusagen?

Ihre Karla und Erich Blochmann

Lieber Alfred,

nun bin auch ich in den Hafen eingelaufen – auch wenn die Taue noch lose sind! Vor etwa neun Monaten habe ich Dir beim Filmclubausflug von ihr erzählt – von den blitzenden grünen Augen, die mich so befangen gemacht haben, von dem Glanz und dem Leben darin, von dem Wochenende in Marburg, an dem ich mich so eigenartig jung fühlte. Die mit dem »Sinn für Unsinn«, weißt Du?
Steffi, sie soll es jetzt sein nach all den Irrfahrten.
Wir feiern am 19. September 19.. Mit Kapelle und Buffet, ab 19 Uhr im alten Frankfurter »Wartesaal«, Franz-Lenders-Straße 9.
Du darfst auf keinen Fall fehlen!

Dein Edgar

Erste Seite einer Faltkarte:

Weil …

Zweite Seite der Faltkarte:

- *Ein Foto des Paares*

Dritte Seite der Faltkarte:

- **es zwischen uns nie langweilig wird,**
- **uns manchmal Flügel wachsen,**
- **wir viel voneinander wissen,**
- **jeder für den anderen da ist,**
- **wir uns Sicherheit geben,**
- **wir die Beach Boys mögen, Pommes frites, Paris und das Mittelmeer,**
- **wir uns mehr als sechs Jahre kennen,**
- **wir nie mehr auseinandergehen wollen …**

Vierte Seite der Faltkarte:

… haben wir beschlossen, uns zu verloben!

Andrea & Thomas Heider

Für unsere Freunde geben wir am Freitag, dem 24. Februar 19.., um 16 Uhr einen Empfang bei uns zu Hause in der Kyllburger Straße 4, 50937 Köln.

Polterabend

Der Polterabend, der zumeist am Wochenende oder am Vorabend der Hochzeit gefeiert wird, ist ein Fest der Freunde, der Nachbarn und Vereinskollegen (nur bedingt von Verwandten), das mit viel Phantasie gefeiert wird. Er lebt von Musik, Tanz, kleinen Aufführungen und unvorhergesehenen Einlagen, vor allem aber vom alten Brauch, Porzellan oder Steingut zu zerschlagen, dessen Scherben dem zukünftigen Paar Glück bringen sollen.

Einladungen zum Polterabend können frei und mit ebensoviel Phantasie gestaltet werden wie die Feier selbst. Das Motiv der Scherben ist dabei ein beliebtes Gestaltungsmittel. Man kann diese Scherben zweifarbig zeichnen und damit Symbole wie Herzen oder Ringe legen (oder ein solches Arrangement aus echten Scherben legen und abfotografieren). Möglich ist auch, Scherben als Zierleisten zu zeichnen oder ein eigenes Scherbenalphabet zu entwickeln, aus dem man den Einladungstext Wort für Wort schreibt.

Wer ausdrücklich wünscht, daß nicht mit den inzwischen üblich gewordenen Styroporabfällen, Papierschnipseln und Glasflaschen gepoltert wird, sollte dies gesondert im Text vermerken.

Zwei Töpfchen haben sich gefunden!

Feuer und Flamme füreinander
wollen wir nichts anbrennen lassen.

Zum Polterabend am Samstag,
dem 7. August 19.., ab 19.00 Uhr
im Rugby-Club Hürth-Kendenich
laden wir alle Freunde, Verwandten und
Bekannten recht herzlich ein.

Vera Roth & Bernd Iffland

Gepoltert wird nach alter Sitte –
mit Porzellan!

Taufschein *(schon länger, seufz)*/Fünfmarkschein/Kraftfahrzeugschein/Führerschein (*Klasse 3*)/Darfschein/Anschein/Gewerbeschein *(fehlt)*/Bestellschein/Fünfzigmarkschein*(schon mal öfter)*/Parkschein/Garantieschein *(meist abgelaufen)*/unscheinbar/scheintot (*meist am Sonntagmorgen)*/Teilnahmeschein *(hat sich hoffentlich erledigt)*/Hundertmarkschein *(immer nur kurzfristig)*/Heiligenschein ...

Was fehlt noch?
Der

Trauschein

von Helga Lange & Jochen Gruner

Polterabend? – Logisch!
Am 25. 6. 19.. in Duisburg
Krefelder Straße 201
ab 19.00 Uhr

Bitte Plastik, Styropor und Papier in die Wertstofftonne!
Ihr wißt schon – nur Scherben bringen Glück.

Hochzeit

Das Fest der Eheschließung ist ein Höhepunkt im Leben jedes Menschen. Gefeiert wird es nach der sogenannten bürgerlichen oder standesamtlichen Eheschließung und nach der kirchlichen Trauung, bei der sich nach katholischem Glauben die Brautleute ein Sakrament spenden.
Eingeladen wird rechtzeitig zum bevorstehenden Fest, entweder von den Eltern (wenn Braut oder Bräutigam noch keine eigene Wohnung haben), von Eltern und Kindern gemeinsam oder – bei verschiedenem und sich nicht überschneidendem Freundes- und Bekanntenkreis – von Eltern und Brautpaar getrennt. Mit der Anzeige der Eheschließung kann bereits eine Einladung ausgesprochen werden, beispielsweise durch Angabe von Ort und Zeitpunkt der standesamtlichen/kirchlichen Trauung oder durch einen besonderen Hinweis auf einen anschließenden Empfang oder ein Essen. Übrigens: Aus Heiratsannoncen sollte hervorgehen, wer nun fortan welchen Namen trägt.
Dem herausragenden Stellenwert der Hochzeit entsprechen in der Regel besonders liebevoll und schön gestaltete Einladungskarten. Druckereien haben hier Musterkataloge ihrer eigenen Produktionen oder Kartenkollektionen von Firmen (wie beispielsweise Family-Cards), die jedes Jahr nach neuesten gestalterischen und graphischen Erkenntnissen entworfen werden. Hier gibt es verblüffende Falt- oder Klappkarten und sehr schöne Zeichnungen, die vierfarbig oder plastisch hervortreten. Man kann zwischen mehreren Standardtexten wählen und muß lediglich Namen, Adresse und Zeitpunkt der Eheschließung bzw. Feier angeben. Alles Weitere übernimmt die Druckerei. Wer auf eine gediegene Form Wert legt und im Rahmen bestehender Konventionen bleiben will, wird von dieser Möglichkeit Gebrauch machen.
Auch Verwandte und Freunde, mit denen man bereits den Hochzeitstermin besprochen hat, erhalten eine formelle Einladung. Für besonders liebe Angehörige sind handschriftliche Einladungen zu empfehlen.

Wer seine Einladungen selbst gestalten möchte, sollte sich zunächst auf ein graphisches Motiv einigen, das den Inhalt des Festes herausstellt. Üblich sind kleine Zeichnungen, die um das zentrale Motiv Paar und Zweisamkeit kreisen. Das mag ganz konkret ein Brautpaar sein oder ein Paar, das ineinander verschränkt oder unter einem Regenschirm spazierengeht.

Denkbar sind auch Fotos des Paares (dies können Motive aus der Phase der ersten Verliebtheit oder ganz aktuelle sein) oder symbolhafte Zeichnungen, die auf Vorlieben oder Hobbys anspielen. Man kann die Umrisse zweier Kontinente miteinander verzahnt zeichnen, wenn das Paar beispielsweise Australien und Nordamerika mag. Oder Zeichnungen treffend mit »Elsbeth or nothing« bzw. »Martin or nothing« betexten.

Eine andere Möglichkeit: Um jeweils einen Fingerabdruck der Brautleute herum werden Figuren und Gegenstände gezeichnet, die auf die bevorzugten Sportarten des Paares verweisen.

Wir heiraten!

Berthold Schick & Karina Telle

Am 8.8.19.. um 15.00 Uhr
in der Pfarrkirche St. Sebastian
Obermarktstr. 5
50170 Kerpen

Diestelstr. 22, 50170 Kerpen, Tel. 0 22 73 / 98 56 23

Mancher mag eine originelle und spleenige Lösung anstreben – zum Beispiel die Firmenlogos der Autos beider Brautleute abbilden und sie ineinander verschmelzen wie zwei Ringe.
Wer Humor hat, legt den auf einer Einladungskarte abgebildeten (gezeichneten) Gästen Sprechblasen mit witzigen Kommentaren über Zweisamkeit und Ehe in den Mund (»Die größten Freaks werden die größten Spießer sein«, »Schon wieder ein Single weniger, seufz!« u. ä.).
Zu den konventionellen graphischen Lösungen gehören Motive wie Trauringe, Herzen, Kutschen, gefüllte Sektgläser, Brautstrauß oder stilisierte Paare.
Schöne Effekte lassen sich mit Faltkarten erzielen, wobei ein Foto oder eine (kommentierte) Fotocollage des Paares den Auftakt geben kann. Der Haupttext wird dann erst beim Auf- oder Umklappen lesbar.
Eine textliche Entsprechung zum graphischen Motiv ist das Motto oder Zitat. Häufig wird der Haupttext mit kurzen Sätzen eingeleitet, wie beispielsweise:

- **Es ist soweit! Wir heiraten heute**
- **Wir treten in den heiligen Stand der Ehe**
- **Im verflixten 7. Jahr trauen wir uns**
- **Jetzt ist Schluß! 10 Jahre wilde Ehe sind genug**
- **Hochzeit & Glocken können uns nicht schocken**
- **Et duren woll en lange Tied ..., doch endlich sin mer nu so wiet!**

Man kann dem Haupttext auch ein Gedicht voranstellen, ein längeres Textzitat aus einem Buch oder ein paar persönliche Zeilen, wie zum Beispiel:

Voller Spannung erwartet,
auf vielfachen Wunsch
und dennoch aus eigenem Willen!
Weil wir uns sicher sind ...

Der Haupttext einer Hochzeitseinladung muß die Namen der Brautleute aufführen (im Falle einer Namensänderung wird der Geburtsname zusätzlich genannt), die Tagesadresse – gegebenenfalls die neue Wohnanschrift der Eheleute. In kurzer Form wird ferner das Datum der Eheschließung und der Ort (Standesamt oder Kirche) angegeben. Bei einer kirchlichen Hochzeit nennen viele Paare darüber hinaus den Namen des Pfarrers, der das Jawort besiegelt.
Für die Vorbereitung der Feier ist es wichtig, die Gästezahl zu kennen. Deshalb empfiehlt es sich, bereits auf der Einladung um eine Zu- oder Absage zu bitten oder eine vorgedruckte Antwortkarte beizulegen. Einige Textbeispiele:

Wir heiraten

am Freitag, dem 14. Oktober 19.., um 10.45 Uhr im Rathaus Benrath, Benroderstraße 46 und freuen uns, diesen Tag anschließend mit Euch zu feiern in den Räumen der Rudergesellschaft Benrath, Schloßufer 35.
Jutta Brenner, geb. Höhne, und Horst Brenner

U.A.w.g. bis 30. September 19..
Jägerhofstraße 28, 40479 Düsseldorf
Telefon: 02 11/47 42 36

Birgit Staffa & Manfred Hübbers

geben sich die Hände und gehen in eine gemeinsame Zukunft. Im Standesamt Hannover werden wir am 20. Mai 19.. um 10.00 Uhr getraut.
Die Hochzeitsfeier beginnt um 16 Uhr im Hotel »Printemps«. Wir laden herzlich ein.

Unser Heim bleibt:
Donatusstraße 32c, 30765 Hannover
Antwort erbeten auf beigefügter Karte

8 Jahre Probezeit sind genug.
Wir heiraten
Karin Thomas
Benedikt Taschen
Die standesamtliche Trauung ist am Freitag, dem 8. Oktober 19.., um 11 Uhr auf dem Standesamt in Essen-Kettwig, Volksgartenstraße 18.
Zur gemütlichen Hochzeitsfete laden wir Euch am Sonntag, dem 10. Oktober 19.., ab 11.30 Uhr ins Kettwiger »Café du Pont«, Lanstroper Straße 2, herzlich ein.
Wir bitten Euch, keine Sachgeschenke mitzubringen. Statt dessen gute Laune. Bei Verhinderung bitten wir um Mitteilung bis 2. Oktober 19..
Telefon: 0 23 07/3 20 10

Erste Seite einer Klappkarte:

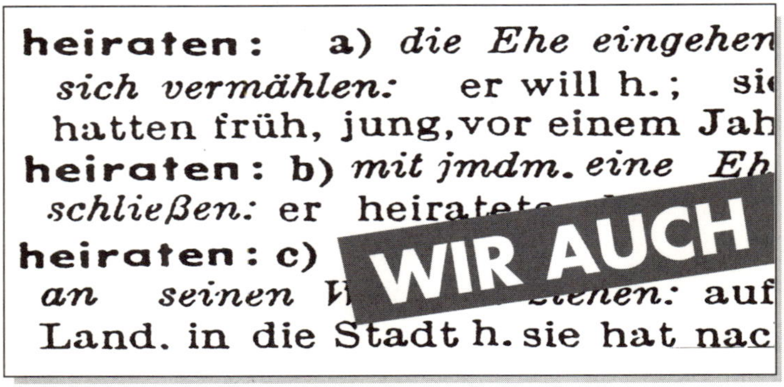

Text auf der zweiten und dritten Seite der Karte:

Dagmar und René. Am 29. 3. 19..
Zur Feier des Tages laden wir Dich, lieber Frank, um 19.00 Uhr in den »Ratskeller«, Liebstöckelweg 28 in Witten ein.

Daggi & René

Ein Mensch für sich allein ist nichts.
Zwei Menschen, die zusammengehören, sind eine Welt.

Jutta und Hubert Bergmoser

empfangen das heilige Sakrament der Ehe
am Samstag, dem 25. Juli 19.., um 14 Uhr
in der St.-Stephan-Kirche in Aachen.
Durch Herrn Pastor Dreesen wird unser Jawort besiegelt.
Die Hochzeitsfeier findet anschließend im »Hotel Prinzenhof«, Ferdinand-Miller-Platz 10 statt.

Unsere neue Adresse:
Ulmenstraße 77
52080 Aachen

Liebe Claudia,

nun ist es schon mehr als ein Jahr her, daß ich vom Verlag weg bin, und doch denke ich gern an unsere Zeit dort, an unsere gelegentlichen Mittagessen, an unsere Frozzeleien über den »Kölner Klüngel«, über das Leben in der »Schlangengrube«. Vor allem aber an unsere kleinen, netten Gespräche auf dem Nachhauseweg vom Neumarkt zum Hauptbahnhof. Seit meinem Stellenwechsel hat sich viel getan, das wichtigste aber: Maria (ich habe Dir oft von ihr erzählt) und ich werden heiraten.

Wir geben ein großes Fest an diesem Tag (Samstag, 29. Mai, ab 19 Uhr in den Rheinterrassen, Messeweg 7) für all unsere Freunde, Verwandten und Bekannten und würden uns freuen, Dich dabei zu haben.

Sei ganz herzlich gegrüßt
Dein Joachim

Trautes Heim, Glück allein. Hat die überhaupt eine Aussteuer?
endlich unter der Haube . . .
Drum prüfe, wer sich ewig bindet. . .
ja, jeder Topf braucht auch seinen Deckel!
UND TROTZDEM
Schon wieder ein Single weniger, seufz!
Aber dafür haben wir uns ja kennengelernt.
...Ob sich nicht doch was Besseres findet.
Wow, ist ja ein tolles Programm hier!
Frei-heit adé
WIR
hristine Berger & Ulrich Horn
werden am
19.10.19.. um 15 Uhr
HEIRATEN
in der Johanniskirche
gkirchen/Sauerland getraut.
en herzlich zur Hochzeitsfeier
Uhr im Hotel »Hirschen«,
straße 5, Hannover ein.

Silberhochzeit

Die silberne Hochzeit, die nach 25 Ehejahren gefeiert wird, dokumentiert, daß zwei Menschen auf eine beständige Lebensgemeinschaft zurückblicken können. Das Fest wird entweder vom Jubelpaar selbst oder von den Kindern ausgerichtet. Es sollte stets frühzeitig vorbereitet und angekündigt werden. Passende Einladungskarten kann man in Druckereien auswählen oder selber gestalten.

Als graphisches Element wird die Zahl »25« im Mittelpunkt stehen oder eine Fotocollage, die das Paar im Verlauf der letzten 25 Jahre zeigt. Originell wäre eine Kopie der Eheurkunde aus dem Stammbuch oder eine Kopie der Hochzeitsanzeige, die man in die Faltkarte klebt. Wird der Text von Hand geschrieben, bieten sich dafür spezielle Faserschreiber an, die eine silberne Tusche enthalten.

Der Einladung sollte unbedingt eine Antwortkarte beiliegen, auf der es auch die Möglichkeit einer Hotelreservierung gibt. Da als Gäste einer Silberhochzeit Verwandte, gute Freunde sowie Nachbarn in Frage kommen, reicht das Spektrum der Stilformen von kurzen, sachlichen Einladungen bis zu privaten, persönlich gehaltenen Zeilen.

Liebe Frau Bündgen,

am 12. November feiern wir im kleinen Rahmen das Fest unserer Silberhochzeit. Als unsere langjährige Nachbarin würden wir Sie gern im Kreise unserer Freunde und Verwandten sehen und laden Sie dazu für 18 Uhr ein.

Hilde und Wolfgang Wolter

Liebe Frau Knabe,

am 19. Februar können meine Frau und ich auf einen Weg zurückblicken, den wir ein Vierteljahrhundert lang gemeinsam gegangen sind.
Wir möchten dies zum Anlaß nehmen, mit Verwandten und Freunden zu feiern, und laden dazu herzlich in die »Historischen Stuben« am Decksteiner Weiher, Aachener Straße 66 in Leverkusen ein.
Die Feier soll um 15 Uhr mit einer Bergischen Kaffeetafel beginnen und nach einem Abendessen um 20 Uhr bis weit nach Mitternacht fortgeführt werden.
Im »Hotel Meynen« haben wir Zimmer für unsere auswärtigen Gäste reserviert.

Max und Marie Wunderlich

Liebe Christiane, lieber Rolf,

auch wenn Ihr die ersten vier Jahre unserer Ehe nur aus Erzählungen kennt, habt Ihr doch die folgenden 21 Jahre sehr lebhaft, bisweilen sehr intensiv miterlebt.
Viele Urlaube, viele Wochenenden und weitaus mehr Alltagsabende haben wir zu viert und später mit den Kindern – zu siebt – verbracht. Wenn wir nun am 29. Juni unsere Silberhochzeit feiern, wollen wir das sehr wohl in dem Bewußtsein tun, daß es funktioniert hat, sich so lange zu vertragen, miteinander zu können und immer noch zu wollen. Euch, deren Weg dem unseren so ähnlich war, möchten wir an diesem Tag ins »Hotel Römerberg« einladen, wo wir ab 19 Uhr mit Freunden und Verwandten ein rauschendes Fest feiern.

Trixi und Steffen

Goldene Hochzeit

Die goldene Hochzeit, die man aus Anlaß der 50jährigen Verbundenheit und Zusammengehörigkeit eines Paares feiert, wird in der Regel von der Familie gestaltet und ausgerichtet. Es gelten hier dieselben Empfehlungen und Vorschläge wie bei der Silberhochzeit, nur daß diesmal die Zahl »50« und eine gediegenere, von Gold getragene Gestaltung vorherrscht. Bei aller Originalität, die möglich ist, sollte man aufgrund des Alters der Jubilare (und Gäste) eine eher konservative Gestaltung und einen konservativen Text anstreben. Gleichwohl ist es erlaubt, einer Einladung persönliche Worte und Gedanken voranzustellen.

Liebe Lieselotte, lieber Ernst,

Pfingsten 1943 wurden wir in der katholischen St.-Paul-Kirche getraut – als eine der letzten Hochzeiten vor der Bombennacht des 28. Juni. Mit Liebe haben wir bis 1945 gegen diesen Krieg gelebt und gelernt, unsere kleine, private Geschichte gegen die große der Welt durchzusetzen. Mit Liebe haben wir das Schöne angenommen in den Jahren danach und es gemeinsam geteilt bis heute.
Am 7. Mai 1993 jährt sich zum 50. Mal der Tag unserer Eheschließung. Wir wollen dazu um 10 Uhr in die Kirche St. Paul, Berrenrather Straße 14, einladen, wo wir uns erneut das Ehesakrament spenden wollen. Anschließend möchten wir im Kreise der Familie und Freunde den Tag in der Ausflugsgaststätte »Flora« ausklingen lassen.

Auf Euer Kommen freuen sich
Ursula und Günther Ludwig

Feste im Jahres- und Lebenslauf

Kindergeburtstag

Ein Kindergeburtstag ist ein buntes, ausgelassenes Fest. Er wird von den Eltern liebevoll vorbereitet und arrangiert und sprüht oft vor Ideen und Phantasie.

Die Gestaltung der Einladungskarte orientiert sich in der Regel am Motto, unter dem ein Geburtstag steht (zum Beispiel Frühling, Wilder Westen oder »Tierisches«), am Ort (Schwimmbad) oder an einem zentralen Ereignis (zum Beispiel Schatzsuche). Kleine Zeichnungen wie Schwimmtiere, Flossen oder Taucherbrille können den Text für die Feier im Freibad begleiten. Eine andere Idee: Man legt der Einladung eine Eintrittskarte bei oder schreibt den gesamten Text auf eine stark vergrößerte Eintrittskarte, wobei die wichtigsten Angaben wie Uhrzeit und Datum geschickt in die Karte eingebaut werden. Geben Sie bei Kindergeburtstagen immer auch das Ende der Feier an, damit die Eltern ihre Kinder abholen können bzw. ungefähr wissen, wann ihr Kind oder ihre Kinder nach Hause kommen.

Wer eine Schatzsuche vorbereitet, fügt einen Abriß der Schatzkarte bei, wer eine Verlosung plant, verschickt mit der Einladung drei oder vier Lose. Je mehr eine Kindergeburtstagseinladung von solchen Gimmicks (wie auch Platzkarten, Masken, Luftballons) bestimmt ist, desto spannender wirkt das.

Kinder mögen darüber hinaus Karten, die man aufklappen oder auseinanderfalten kann. Schreiben Sie den Text beispielsweise auf die Papierzunge eines Dinosauriers. Eine andere Möglichkeit: Rollen Sie die Einladung ein, und stecken Sie sie in den Schnabel einer Papiereule. Pusten Sie einen Luftballon auf, schreiben Sie darauf mit Filzstift Ihren Text, und lassen Sie den Ballon wieder schrumpfen. Zerschneiden Sie eine Einladung in kleine Stücke, und verschicken Sie sie als Puzzle. Oder fertigen Sie (beispielsweise zum sechsten Geburtstag) einen Würfel an, auf dem lauter Sechsen gemalt sind. Stecken Sie die eigentliche Einladung ins Innere des Würfels, und kleben Sie ihn dann zu.

Wer besonders geschickt im Basteln ist, stellt eine Schiebekarte mit ausgeschnittenen Öffnungen her, die zentimeterweise den Einladungstext freigibt. Eine Geburtstagseinladung zur Weihnachtszeit kann wie ein Adventskalender gestaltet werden: Türchen für Türchen erschließt sich dabei der Text.

Da der Einladungstext in der Regel von den Eltern oder mit Hilfe der Eltern geschrieben wird, ist in jedem Fall an die Standarddaten (siehe Seite 8) zu denken. Schreiben Sie kindgerecht und humorvoll. Das kommt am besten an.

Denkbar ist auch eine Einladung der Eltern bzw. Mütter zum Kindergeburtstag, was zu einem ersten intensiveren Kontakt führen kann. Einige Textbeispiele:

Kinder hereinspaziert!

Lieber Jörg, Du bist eingeladen zu meinem Geburtstag am 18. Juli um 16 Uhr. Wo? Na klar, bei mir: Kleiberhang 34 in Oberhausen. Kakao und viele Spiele warten auf Dich.

Bis dann, Dein Robert

Lieber Arno,

am 25. August werde ich 8 Jahre alt. Ich will an diesem Tag ein Fest geben und lade Dich herzlich dazu ein.
Wenn das Wetter schön ist, wollen wir wieder das große Zelt aus dem letzten Jahr aufbauen. Es gibt ganz viele Spiele und eine Schatzsuche durch unser Wohnviertel. Bring dazu bitte Deinen Kompaß mit! Das Zelt steht in der Neusser Straße 3 und ist ab 15 Uhr geöffnet. Für hungrige und durstige Mägen ist gesorgt.

Ich freue mich auf Dich. Dein Frank.

Erste Seite einer Karte:

- **Alle Kinder in die Schwimmtiere!**
- **Wer traut sich, mit verbundenen Augen vom 1-Meter-Brett zu springen?**
- **Schon mal ein Regenschirmwettschwimmen gemacht?**
- **An meinem Geburtstag sollen Wasserbälle aufgeblasen werden!**
- **Pack die Badehose ein!**
- **Tunneltauchen macht Spaß!**

Zweite Seite der Karte:

Lieber Jens,

an meinem Geburtstag am 12. Juni wird's ganz schön naß! Ich lade dazu alle Freunde ins »Hürther Spaßbad« ein. Eintritt ist frei. Kuchen und Eistee gibt's gratis im Schwimmbadcafé.
Wir treffen uns vor dem Haupteingang, Kleiberweg 18. Bitte sei punkt 14.30 Uhr da.

Bernie
PS: Badekappe, Badehose und Handtuch nicht vergessen!

Erwachsenengeburtstag

Der Geburtstag ist das wichtigste Fest innerhalb eines Familienkreislaufes und wird vor allem bei runden Geburtstagen (30, 40, 50 usw.) besonders phantasievoll ausgerichtet.
Bei einer Feier in kleinerer Runde werden die Familie und Verwandten eingeladen sowie ausgewählte Freunde. Feiert man im größeren Rahmen, spricht man neben dem Freundeskreis auch Arbeitskollegen, Vereinskameraden oder Nachbarn an. Die Einladungskarten zu einem Geburtstag unterliegen keiner Konvention und lassen alle Möglichkeiten der kreativen Entfaltung zu. Graphisch kann man mit eigenen Fotos oder Fotocollagen (vor allem zum 50. Geburtstag) spielen oder die jeweilige Zahl des Geburtstages in den Mittelpunkt stellen. Sie erscheint beispielsweise in verschiedenen Farben, Schriftarten und -größen, taucht als Wortspiel auf (»Vollkommen fix und vierzig«) oder steht ganz schlicht auf der ersten Seite einer Faltkarte.
Sehr häufig findet man Karikaturen oder Comic-Szenen, die den Geburtstag ironisch kommentieren. Passende Bilder lassen sich aus Vorlagen herausfotokopieren (beliebt sind Veröffentlichungen von Claire Bretécher, Robert Gernhardt oder F. K. Waechter), oder man zeichnet selbst kleine Figuren, denen man bestimmte Sätze in Form von Sprechblasen in den Mund legt. Inhaltlich läßt sich das Jahr oder das Datum des Geburtstages mit historischen Ereignissen oder tagespolitischen Themen in Verbindung bringen (den 14. Juli beispielsweise mit der Französischen Revolution oder den 35. Geburtstag mit der »35-Stunden-Woche«). Denkbar ist auch, den Einladungstext mit Anspielungen auf die Midlife-Crisis (beim 40. Geburtstag) oder auf das Älterwerden allgemein zu formulieren und so mehr Witz und eine größere Stilbreite zu erreichen.
Eine Auflistung wichtiger Schlagzeilen aus Politik, Geschichte und Kultur des jeweiligen Geburtsjahrgangs ist darüber hinaus eine angemessene und anspruchsvolle Form der Einladungsgestaltung.

Einladung zum 30. Geburtstag

Erste Seite einer Faltkarte:

- *Ganz oben steht die Zahl »30«, darunter ist das Foto eines Feuerwerks eingeklebt.*

Text unter dem Foto:

Es geschah in einer rauschenden Neujahrsnacht des Jahres 19.., als STEFAN ...

Zweite Seite der Faltkarte:

... als dritter Sohn von Heike und Hermann Kirner in Bad Schwartau bei Lübeck das Licht der Welt erblickte. Die Freude war groß, und die Kunde über die glückliche Geburt verbreitete sich geschwind über das Land. Überall wurde ein großes Festmahl gehalten und ein wohlschmeckender prickelnder Weintrunk zu Ehren und auf das Wohl des neuen Erdenbürgers ausgeschenkt. Die Menschen feierten und tanzten ausgelassen bis in den Morgen hinein.
Um ihn willkommen zu heißen und ihm und sich alles Glück dieser Erde zu wünschen, ersannen sie einen feierlichen Brauch:
Als es Mitternacht schlug, schickten sie bunte Feuer in phantasievollen und prächtigen Farben und Gestalten in den Himmel, die hoch hinaufsprangen und am Firmament tanzten, daß der Himmel hell erleuchtet wurde und wunderschön anzusehen war. Das Feuerwerk gefiel den Menschen und brachte ihnen Glück, und so geschah es, daß sie fortan in jeder Silvesternacht Stefans Geburtstag gedachten und das neue Jahr mit einem Fest und einem Feuerwerk begrüßten.

**In diesem Jahr nun wird Stefan 30 Jahre alt.
Wie jeder weiß, ist dies ein ganz besonderer Geburtstag. Die Jungmannesjahre sind vorüber, und die feierliche Aufnahme in die Gemeinschaft der weisen Männer steht bevor ...**

Dritte Seite der Faltkarte:

**Deshalb lade ich Dich/Euch herzlich ein, mit uns gemeinsam dieses große Ereignis zu feiern.
Das Fest beginnt am 31. Dezember 19.. um 19 Uhr bei uns zu Hause in Essen-Huttrop, Distelweg 76.
Ich bitte um Nachricht bis zum 10. Dezember 19.. unter Telefon 02 01/26 24 54.**

**Liebe Grüße, Ulla
Ideen und aktive Beiträge zum Fest sind herzlich willkommen. Bitte vor dem Geburtstagskind geheimhalten und nur mit mir besprechen!
... weil Überraschungen so viel Spaß machen. Danke.**

Vierte Seite der Faltkarte:

STECKBRIEF

Name:	**Stefan Kirner**
Geburtsdatum:	**1. 1. 19..**
Größe:	**1,80 m**
Gewicht:	**78 Kilogramm**
Haarfarbe:	**dunkelbraun**
Augen:	**braun**
Lieblingsheld:	**Donald Duck**
Lieblingsbeschäftigung:	**Essen**
Lieblingsfrisur:	**Igelschnitt**
Lieblingshobby:	**Comics lesen in der Badewanne**

Einladung zum 35. Geburtstag

Graphik auf der ersten Seite der Einladungskarte:

- *Das Anfang der neunziger Jahre von den Gewerkschaften für die Durchsetzung der 35-Stunden-Woche eingesetzte Motiv der »35«, über der eine strahlende Sonne aufgeht.*

Text auf der zweiten Seite der Einladungskarte:

- **Die Gewerkschaft kämpft für die 35-Stunden-Woche.**
- **Das 35. Solarkraftwerk in NRW wird in Betrieb genommen.**
- **Die Arbeitspausen der Postbeamten werden auf 35 Minuten pro Stunde ausgedehnt.**
- **Happy Birthday bei Ellerbroks. Dirk wird 35!**

Zur Feier des Tages am 16. Juli 19.. um 19 Uhr seid Ihr herzlich in den Tommesweg 16, 45139 Essen eingeladen.

Einladung zum 40. Geburtstag

Vorschlag A, erste Seite der Einladungskarte:

- *Zeichnung einer älteren, aus der Puste geratenen Frau.*

Darüber die Überschrift:

Vollkommen fix und vierzig

Text auf der zweiten Seite der Einladungskarte:

Am 15. April 19.. ist es soweit!
Ich werde 40.

Mit Beginn meiner Midlife-Crisis finden erste therapeutische Gegenmaßnahmen am Samstag, dem 16. April 19.., um 19 Uhr in München-Schwabing in der Bachemstraße 14 statt. Ich hoffe, daß Ihr alle kommt, um mir zu helfen, in Unehren zu ergrauen.

Eure Steffi

PS: Bei Zusagen bis Anfang April 19.. ist eventuell eine Platzreservierung möglich.

Vorschlag B, erste Seite der Karte:

■ *Ein etwas mißmutig wirkendes Foto der Jubilarin.*

Darunter der Text:

Grausam! Diese Frau, die gestern noch in der Blüte ihres Lebens stand, wird 40!

Zweite Seite der Karte:

Um dieses tragische Ereignis gebührend zu begehen, lade ich Euch herzlich ein, am Samstag, dem 1. 2. 19.., um 19.30 Uhr mit mir zu feiern, bevor Kreislauftee und Seniorenteller angesagt sind!
Ich erwarte Eure Zusage bis 20. 1. unter Tel. 6 55 32.

Bis dahin!
Herzlichst, Eure Martina

Einladung zum 50. Geburtstag

Vorschlag A, erste Seite der Einladungskarte:

- *Ein actionreiches Foto einer Segelregatta.*

Darüber der Text:

Manfred steuert auf die 50 zu!

Zweite Seite der Einladungskarte:

Ich lade herzlich ein, am 28. 9. 19.. mit mir Kurs zu halten.
Start: 19 Uhr
Regattabahn: Spielcasino Nova, Emser Straße 26 in Hagen

Vorschlag B, erste Seite der Karte:

- *Karikatur, die zwei alte Frauen beim Kaffeeklatsch zeigt.*

In Sprechblase 1 steht:

Ich bin am gleichen Tag und exakt in der gleichen Minute geboren wie Simone de Beauvoir! Aber mein Leben hat die Frauenbewegung nicht verändert!

Text in Sprechblase 2:

Du wirst ja nun auch schon 50.

Zweite Seite der Karte:

Liebe Freunde, feiert mit mir! Am 12. Juli 19.. um 11 Uhr steigt anläßlich meines 50. Geburtstages ein Frühschoppen am Mühlenbach 84. Bringt Kind und Kegel mit und guten Durst.
Bis dahin alles Gute, Eure Anne
PS: Gebt bitte Nachricht, ob Ihr kommt (0 89/98 25 78).

Einladung zum 60. Geburtstag

■ *Auf ein großes DIN-A4-Blatt ist in der unteren Hälfte eine fröhlich feiernde Gesellschaft gezeichnet, die sich ausgelassen zuprostet. In der oberen Hälfte hat man Sprechblasen gemalt, die alle Standardinformationen einer Geburtstagseinladung enthalten.*

Erste Sprechblase:

Habt Ihr schon gehört ...
WERNER HAT GEBURTSTAG!!!
Und das feiern wir ...

Zweite Sprechblase:

Na klar ..., der Gute wird doch dieses Jahr 60.

Dritte Sprechblase:

Wir lassen ihn hochleben am 11. 12. 19.. im Jugendheim an der Voiswinkler Kirche, ab 19.30 Uhr.

Vierte Sprechblase:

Psssst ... Der Werner darf davon nichts wissen!
Es ist eine ÜBERRASCHUNGSPARTY ...

Fünfte Sprechblase:

Ach so! Deshalb sollen wir Jutta anrufen und sagen, ob wir kommen.
Telefon: 08 69/4 32 14

Sechste Sprechblase:

... oder es der Inge bis zum 28. 10. 19.. flüstern.

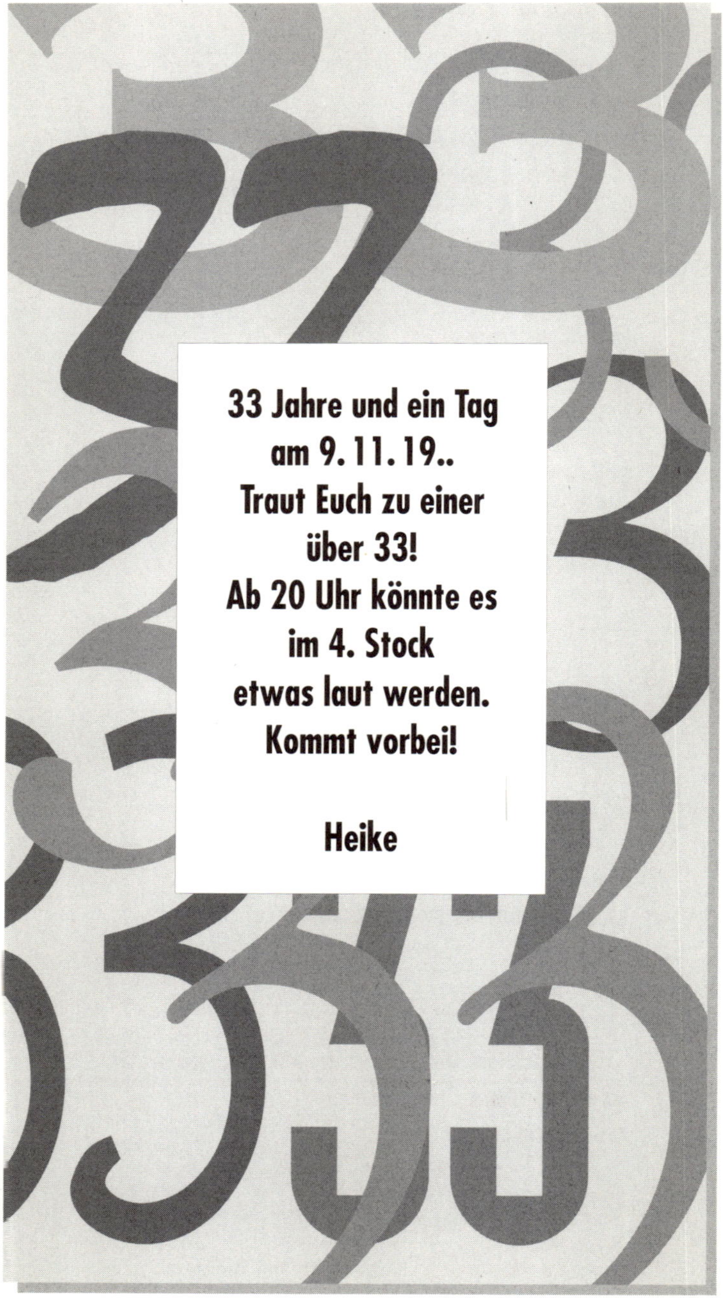
33 Jahre und ein Tag
am 9. 11. 19..
Traut Euch zu einer
über 33!
Ab 20 Uhr könnte es
im 4. Stock
etwas laut werden.
Kommt vorbei!
Heike

Hallo, liebe Freunde!
Habt Ihr mich erkannt?
Nun ja, ich geb` zu, die letzten 40 Jahre sind nicht ganz spurlos an mir vorübergegangen. Aber auch mit 40 fühl`ich mich noch jung und wohl. Das möchte ich gerne mit Euch feiern.

Kommt Ihr?

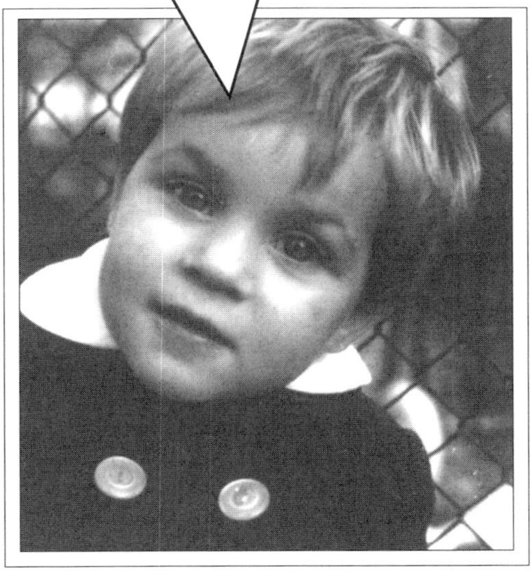

9.10. um 19.30 Uhr bei Patricia Ried,
Kleiberweg 14, 47825 Dettenmold

Viele liebe Grüße Patricia

Umzug, Wohnungseinweihung

Nach dem Einzug in eine neue Wohnung oder ein neues Haus lädt man üblicherweise Freunde (vor allem, wenn sie beim Umzug mitgeholfen haben) und Familienangehörige ein. Bei einer Hauseinweihung wird auch der Architekt geladen.

Die Karten zu einer solchen Feier können handschriftlich verfaßt werden und sollten inhaltlich noch einmal einen Dank an die Helfer aussprechen. Wird allgemein eingeladen, kann man das neue Domizil mit ein paar Worten charakterisieren. Bei einem Umzug in eine andere Region (zum Beispiel nach Norddeutschland) bietet es sich an, die sprachlichen Eigentümlichkeiten des neuen Umfeldes aufzugreifen und seine Einladung in der jeweiligen Mundart zu verfassen.

Seit zwei Wochen habe ich eine neue Wohnung, und das ist ein Grund zum Feiern! Komm doch am nächsten Mittwoch um 16.00 Uhr. Die paar Kisten, die da noch wären, schaffen wir doch mit links! Danach können wir den Kühlschrank plündern ...
Ich freu` mich, Ulrike Riedel

Graphisch kommen eine Kopie des Grundrisses, eine Zeichnung oder ein Foto des Hauses sowie Cartoons in Frage, die das mühselige Renovieren und Umziehen andeuten. Ein schöner Effekt läßt sich durch parallele Einschnitte in die Mitte einer Faltkarte erzielen. Knickt man diese Einschnitte entgegen der Falzkante der Karte, so treten beim Aufklappen dreidimensional wirkende Kisten aus dem Papier. Um den Charakter des Anlasses konkret zu vermitteln, kann man die Einladung auch auf ein Stück Tapete oder die Rückseite einer Kachel schreiben. Nichts spricht dagegen, der Einladung einen Teppichrest oder einen ausgedienten Pinsel beizulegen. Wer in eine andere Stadt umgezogen ist, sollte seiner Einladung in jedem Fall einen Lageplan beifügen.

Eingezogen – stop – Möbelhäuser leergekauft – stop –
Alles wunderbar eingerichtet – stop – Was fehlt?
Ihr natürlich – stop.
Einweihungsfete in meiner neuen Studentenbude,
Elsternweg 181, am 6. September ab 20 Uhr.

An alle, die uns beim unfreiwilligen Auszug aus unserer alten Wohnung geholfen haben, die uns ihre Autos geliehen haben, uns ein Dach über dem Kopf gegeben haben, die unsere Möbel untergestellt haben und uns mit Rat und Tat zur Seite standen:
Wir haben – endlich – ein neues Heim!
Deshalb feiern
Dorothea und
Rolf Düpping
am 18. 12. 19..
um 19.30 Uhr
eine rauschende
Einweihungsfete
im Feldweg 22a
46236 Bottrop

Richtfest

Ein Hausbesitzer lädt zum Richtfest, wenn der Dachstuhl fertiggestellt ist bzw. die letzten Balken eingesetzt werden. Mündlich eingeladen werden in der Regel der Zimmermannsmeister und sein Team sowie der Architekt und sämtliche Handwerker, die an den Bauarbeiten beteiligt sind. Eine schriftliche Einladung erhalten Freunde und Bekannte.

Neben dem Richtkranz als zentralem graphischem Motiv der Karte sind kleine Arbeitszeichnungen oder Stilleben (Baumaterialien, Werkzeuge) sowie ein Foto des Rohbaus denkbar, das man dem, in der Regel sachlich gehaltenen Einladungstext gegenüberstellt.

Gefeiert wird im allgemeinen nach getaner Arbeit am späten Nachmittag. Jedoch steht es dem Bauherrn frei, den Beginn des Festes auch früher anzusetzen.

Einladung

zum Richtfest

Anläßlich der Fertigstellung des Dachstuhls unseres Hauses laden wir Sie recht herzlich zu Bier und Bratwurst am 12. 7. 19.. 17 Uhr nach 55576 Sprendlingen, Glattstraße 32 ein.

Inge und Herbert Kunz

Private Dia- und Filmvorführung

Amateurfotografen und -filmer laden seit den fünfziger Jahren zu Diaabenden oder Vorführungen selbstgedrehter Super-8-Filme bzw. Home-Videos ein. Die Einladungen zu solchen Anlässen kann man sehr liebevoll gestalten und beispielsweise mit einem (Abfall-)Filmstreifen oder einem aussortierten Dia dekorieren. Denkbar ist auch, die Einladung abzufotografieren und als Dia zu verschicken oder einen (kleingeschriebenen) Text anstelle eines Dias in den Rahmen zu setzen. Besonders gelungen erscheinen solche Einladungen, die mit sprachlichem Witz und einem Schuß Ironie den Anlaß umschreiben.

Bestandene Prüfung

Wenn am Ende einer Ausbildung oder eines Ausbildungsabschnitts – egal, ob es sich dabei um die Gesellenzeit, einen Meisterbrief, ein Abitur oder Hochschulexamen handelt – eine Prüfung bestanden ist, wird dieses Ereignis gebührend gefeiert. Neben den offiziellen Feiern, zu denen Schulen oder Universitäten einladen, veranstalten die Teilnehmer einer Ausbildungsklasse oder -jahrgangs (zusammen mit ihren Ausbildern, Freunden und Verwandten) oft auch ein Fest im privaten Rahmen.

Für den Einsatz graphischer Elemente gilt Ähnliches wie im Kapitel über Klassentreffen (Seite 61) ausgeführt. Textlich ist denkbar, den Sprachstil einer Abschlußarbeit aufzugreifen und die Einladung beispielsweise in einer bestimmten Fachsprache oder einer akademisch vollkommen überzogenen Sprache zu schreiben. Man kann den Formbrief, der zu einer bestimmten Prüfung lädt, mit Hilfe von Tipp-Ex und neuen Hinzufügungen so umstricken, daß er zu einer aktuellen Einladung wird. Dies wirkt besonders originell, wenn genügend Distanz zwischen Prüfung und Fest besteht, wie etwa bei einem zehnjährigen Prüfungsjubiläum, das eher bei Diplom- und anderen Hochschulabschlüssen üblich ist.

Wissenschaftliches Institut • Erich Schnapke

An
Martin Schwarz
Am Weiher 5
51488 Berghausen

Angebot für eine Zusammenarbeit auf wissenschaftlicher Basis

Nach Abschluß meiner Studien führe ich am Freitag, dem 29.3.19.., um 20 Uhr im »Schloßkeller« in Berghausen – erstmals unter eigener Regie – eine wissenschaftliche Versuchsreihe zu folgendem Thema durch:

> **»Der ernährungsphysiologische Zusammenhang zwischen dem respiratorischen Quotienten maximaler Nahrungsaufnahme, der kalorischen Bilanz körperlicher Aktivität beim Tanzen und der spezifischen dynamischen Wirkung unaufhaltsamen Redeflusses im Hinblick auf die Gemütslage alteingesessener Rheinländer und Westfalen«.**

Aufgrund Ihrer Zugehörigkeit zur Standardklasse wurden Sie mir als geeignete Versuchsperson empfohlen. Ich hoffe sehr auf Ihre Mitarbeit und bitte Sie, mir auf dem unteren Abschnitt Ihre Teilnahme bis zum 20.3.19.. zu bestätigen.

Mit freundlichen Grüßen

Erich Schnapke

An der oecotrophologischen Versuchsreihe am 29.3.19.. um 20 Uhr nehme ich mit . . . Personen, davon . . . männlich und . . . weiblich teil/nicht teil. Nichtteilnahme nur gegen Vorlage einer amtsärztlichen Bescheinigung!

Klassentreffen

Einladungen zum Klassentreffen erfolgen meist durch die Initiative zweier oder mehrerer Mitschüler einer Klasse oder eines Jahrgangs. Ist die – oft mühselige – Aufgabe der Adressenrecherche überwunden, wird man in eine Gaststätte oder in ein Lokal einladen, das Bezug zur ehemaligen Schule oder Schulzeit hat. Aufwendigere Einladungen erfolgen bei besonderen Jubiläen wie zehn- oder zwanzigjährigen Klassentreffen, die oft über ein Wochenende gehen oder mit einer Kurzreise (z. B. an den Ort einer gemeinsamen Klassenfahrt) verbunden sind. Zu den üblichen Gestaltungselementen zählen Fotocollagen von Mitschülern oder Lehrern sowie kleine Zeichnungen, die auf gemeinsame Schul- und Schülererlebnisse anspielen. Wer sie noch besitzt, kann auch das Titelblatt einer Abiturzeitung in die Einladung kleben oder eine Fotokopie der Namen einer Abschlußklasse (sie wurden früher üblicherweise in Lokal- und Regionalzeitungen veröffentlicht).

PARIS

Lieber Bertold,
das Datum unseres gemeinsamen Abiturs jährt sich am 13. Juni 19.. zum zwanzigsten Mal. Mit nostalgischer Brille und Respekt vor den Riesenschritten der Zeit wollen wir daher mit der legendären 13a in alten Erinnerungen rühren. Was läge näher, als an den Ort unserer verwegenen Abenteuer zu fahren? Nach Paris, in das Hotel am Gare du Nord, wo unser hochgeschätzter geistiger Ziehvater auf ganzer Linie vor Vin & Moulin Rouge kapitulierte. Weil wir frühzeitig den Bus und das Hotel buchen müssen, laden wir Dich schon jetzt ein und bitten um Nachricht bis zum 1. Mai 19..

René Zey

Humboldt-Schule

Klasse 13a: H. Bansberg, R. Deppe, D. Ellerbrok, H. Gabriel, K. Heckemanns, Ch. Heupt, R. Kollmar, N. Landvogt, J. Riddermann, H. Roß, B. Schick, U. Tost, K. Utemeier, R. Zey

Er kommt NICHT mit!

Abschiedsfeier

Abschiedsfeiern haftet ein melancholisches Flair an, da der Anlaß der Feier in der Regel die Trennung vom Freundeskreis, vom vertrauten Wohnort oder von sonstigen liebgewonnenen Einrichtungen und Gewohnheiten des Alltags bedeutet.
Dem Freundes- und Bekanntenkreis, den man zu einem solchen Fest einlädt, sollte man die etwas traurige Grundstimmung durch einen Schuß Humor und Optimismus vertreiben – beispielsweise durch eine Einladung, die sprachliche und sonstige Eigenarten des zukünftigen Wohnsitzes in Sachsen (in der Schweiz, in Norddeutschland usw.) aufgreift und karikiert.
Graphisch können Symbole des Reisens oder des Aufbruchs (Koffer, Schiff auf dem Meer, Fesselballon u. ä.) sowie ein Abschiedsfoto des Absenders den Einladungstext illustrieren.

Erste Seite einer Faltkarte:

Judith Lindenbeck und Werner Wolters
geben bekannt:

Zweite Seite der Faltkarte:

Wir trennen uns ...

■ *Graphisch illustriert durch ein zerrissenes Herz*

Dritte Seite der Faltkarte:

... von der Wohngemeinschaft
... von der Uni (hoffentlich!)
... von Frankfurt
... vom alten Jahr
Deshalb ...

Vierte Seite der Faltkarte:

Let's have a party!
Am 31. Dezember 19.. um 20 Uhr im Ehrenfeld 13
Wir würden uns freuen, wenn Ihr Zeit habt.
Ruft kurz bei uns an (02 21/56 79 91), damit wir genug einkaufen können.

Ruhestand

Mit dem Ausscheiden aus dem aktiven Berufsleben ist zumeist eine betriebliche Feier in Form eines Empfangs verbunden. Hierzu werden Kollegen der Abteilung oder des Betriebs eingeladen, in dem man tätig war. Zusätzlich zur betrieblichen Feier lädt man die Familie sowie Freunde und Vereinskollegen nach Hause ein. Textlich und graphisch sollte man solche Einladungen dezent und sachlich gestalten. Wer zuviel Pathos transportiert, gerät leicht auf kitschige oder peinliche Gleise.

Lieber Hermann,

mit dem 1. Oktober 19.. naht ein Datum, das ich oft herbeigewünscht habe, als es noch weit von mir weg lag. Je näher es dann aber rückte, desto zwiespältiger habe ich es empfunden ...
Nur noch zwei Wochen, dann trete ich offiziell aus der Reihe der Aktiven, rutsche ins zweite Glied, das dem Treiben in dieser Republik etwas gelassener und distanzierter zuschauen kann.
Ein phantastisches Fest mit Freunden und Kollegen soll diesen Tag besiegeln – mit gebratenem Spanferkel, bunten Salaten und frisch gezapftem Bier.
Du, lieber Hermann, bist dazu herzlich am 1. Oktober 19.. ab 19 Uhr in unseren Partykeller, Rutenweg 10, eingeladen.

Viele Grüße, Dein Werner Stahlhof

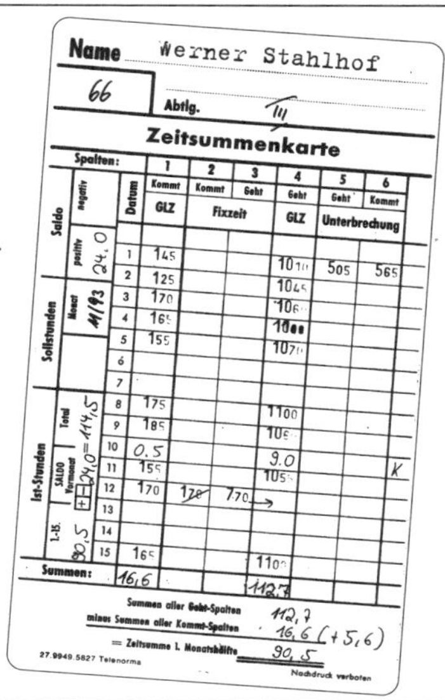

Ein Abend zu zweit

Mit Ausnahme des Valentinstags am 14. Februar gibt es kein offizielles Fest, das Verliebten oder Paaren gewidmet ist. Anlässe, einen Abend (oder ein Wochenende) zu zweit zu verbringen, wird jedoch jeder finden, und die Einladungen dazu, die entweder Mann oder Frau sich liebevoll aushecken, sind ein Spiegelbild besonderer Phantasie und Kreativität.

Das Spektrum reicht dabei von (nicht übertragbaren) Gutscheinen zum Einlösen über Verabredungen zum Kuscheln, Probehören einer neuen CD bis zu Abendessen, Versöhnungstreffen oder einem Kurztrip nach Paris.

Gelungen erscheinen solche Einladungen, wenn sie geschickt mit Anspielungen operieren (die nur die Verliebten aufzulösen wissen) oder auf bestimmte Vorlieben und Situationen reagieren (»Immer noch Überstundenstreß? Dagegen hilft eine Teestunde mit Deiner Schwäbin«).

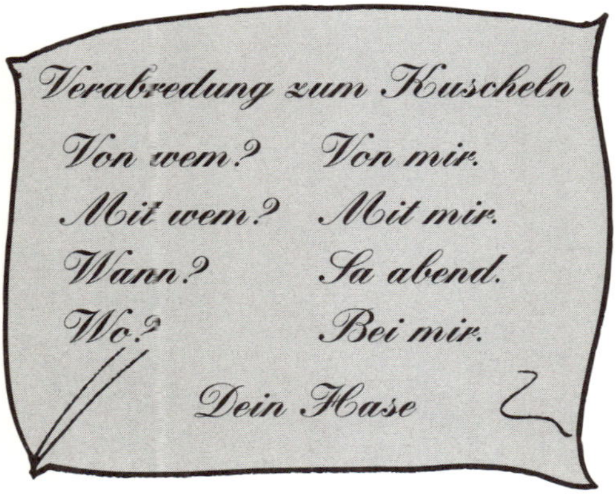

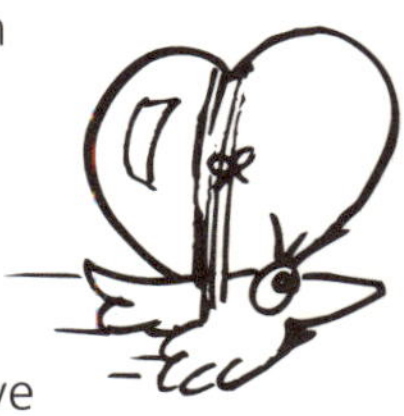

Traditionelle Motive wie Herzen, mit Lippenstift aufgedrückte Kußmünder oder Symbole, die Zweisamkeit ausdrücken, können den Text flankieren. Viele Schmuckbilder lassen sich leicht zeichnen oder aus Comic-Heften und Büchern kopieren. Außerdem bieten die Schreibwarenläden eine Fülle von passenden Aufklebern an, oft sogar mit kleinen Sprüchen (»Ich vermisse Dich«, »Was wäre die Welt ohne Dich«) oder auf den jeweiligen Namen des Absenders abgestimmt (Namenalphabete von der Firma Depesche).

Liebe Viola!

Weißt Du noch, wo alles anfing? Der Samstagabend plätscherte mal wieder so lau vor sich hin . . . keine Party, grauer Himmel . . . nicht einmal mein Kühlschrank wollte mich zu einem Snack einladen. Mein Magen knurrte, was war zu tun? Zum Glück hab` ich meinen Wienerwald um die Ecke . . .

Dann saßen wir da, das Hähnchen und ich . . . war ganz gut, und meine Stimmung stieg. Und dann spürte ich Deine Blicke, Du saßest am Nebentisch. Zuerst dachte ich, Du wolltest die Größe meines Gummiadlers kontrollieren . . . aber ich bemerkte schnell, daß Du weniger an meinem Hähnchen interessiert warst . . .

Dieser Abend ist nun fast 5 Jahre her. Die Hähnchen haben uns zusammengebracht! Laß es uns an dem Ort feiern, wo alles begann: Donnerstag, 19.8.19.., Wienerwald, Dürener Str./Ecke Gürtel, 21.00 Uhr.

Alles Liebe, Dein Superhahn

War nicht so gemeint

Einladung zum Versöhnungstrunk bei mir am 17.10.19..

Dein Paul

Hast Du am nächsten Wochenende schon etwas vor?
Paris
Nein! Da wüßte ich was:
Da gibt es ein kleines Hotel in Paris, da ist noch ein Zimmer frei. Und den Flug habe ich schon mal reservieren lassen.
Bis dann, Dein Richard

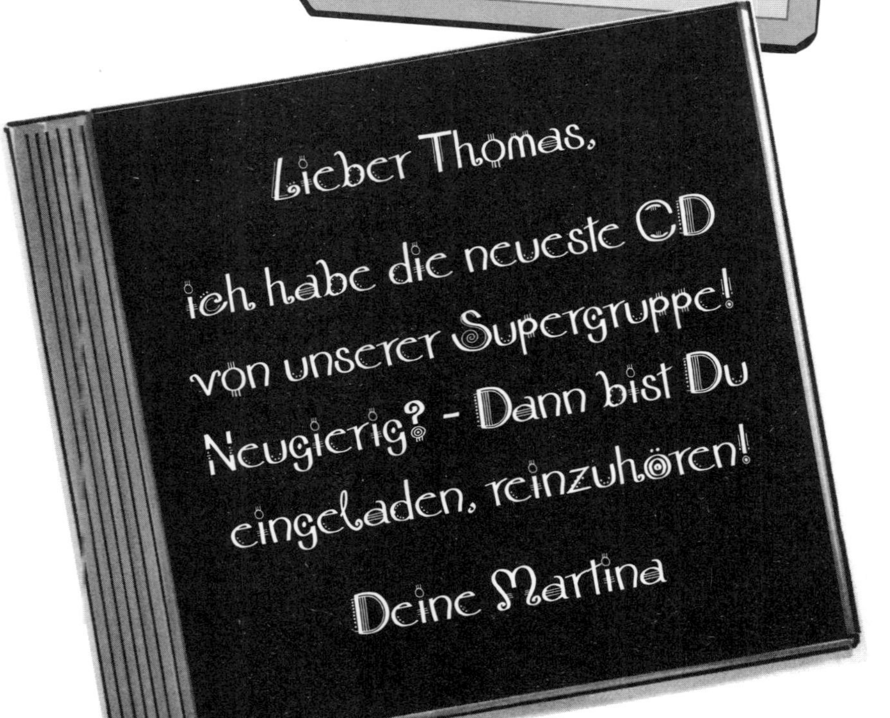
Lieber Thomas,
ich habe die neueste CD von unserer Supergruppe!
Neugierig? - Dann bist Du eingeladen, reinzuhören!
Deine Martina

Einladung zum Essen

Einladungen zum Essen sind eine sympathische Form, kurzfristig ein geselliges Zusammensein zu arrangieren. Möglichkeiten gibt es viele: Frühstück oder Brunch für Freunde und Bekannte, ein Picknick oder eine Grillparty, aber auch speziellere Anlässe wie Kaffeekränzchen, Teestunde oder ein Abendessen zu zweit.
Dem Anlaß der Einladung entsprechend bietet es sich an, mit graphischen Symbolen wie Faß, Steinkrug (zum Frühschoppen), Weinglas (Weinprobe), Silhouetten von Tee- und Kaffeekannen (zum Kaffeekränzchen) oder aufgeklebten Bildern (aus Prospekten von Lebensmittelketten) zu arbeiten, die Grillwürstchen, Saucenflaschen, Brötchen, Marmeladengläser u. ä. zeigen (für Einladungen zum Frühstück oder Grillfest). Man kann der Einladung eine Speisenfolge beilegen oder eine fotokopierte Speisekarte (zum Abendessen). Wer in ein Restaurant einlädt, kopiert das Emblem desselben aus einem kulinarischen Führer oder schneidet eine Zeitungsanzeige (z. B. zum Dinner for two) aus.
Verschiedene Postkartenmotive wie beispielsweise Edouard Manets »Frühstück im Freien« oder Andy Warhols Siebdruck-Serien von Suppendosen und Coca-Cola-Flaschen eignen sich als ideale Folie für den Text. Wer mit Gimmicks arbeiten will, kann seiner Einladung Bier-, Wein- oder Sektetiketten, Teebeutel oder Kaffeefilter, eine ausgefallene Nudelform oder die Tüte einer Fertigsuppe beifügen.

Liebster Schatz,

für die vergangenen 9133 Tage möchte ich Dir von ganzem Herzen danken. Laß uns heute dahin fahren, wo alles anfing: zum Uferweg an der Ruhr.
Und laß Dich einladen zum »Dinner for two« ins »Kartoffelhaus«.

In Liebe, Rolf

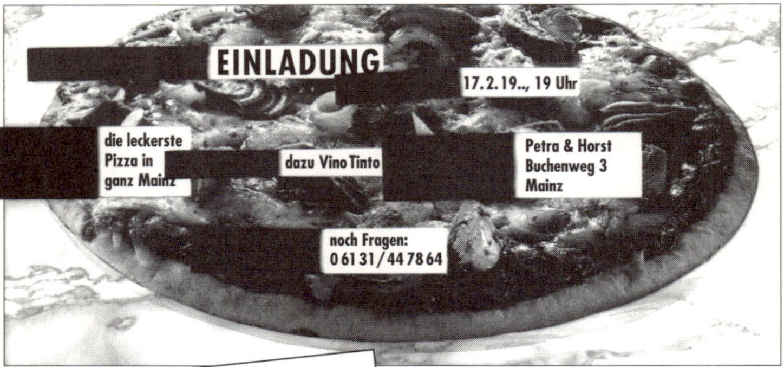

Darf ich Dich zum Schlemmen einladen?

- ☐ Amerikanisch (die berüchtigte Küche eines schottischen Immigranten)
- ☐ Halver Hahn (vegetarische Kölner Spezialität)
- ☐ Chinesische Cully Wulst
- ☐ Kuß-Kuß oder Negerkuß
- ☐ oder bei Deinem Schnucki zu Hause die bewährte Hausmannskost (Knurr!)

u.A.w.g.

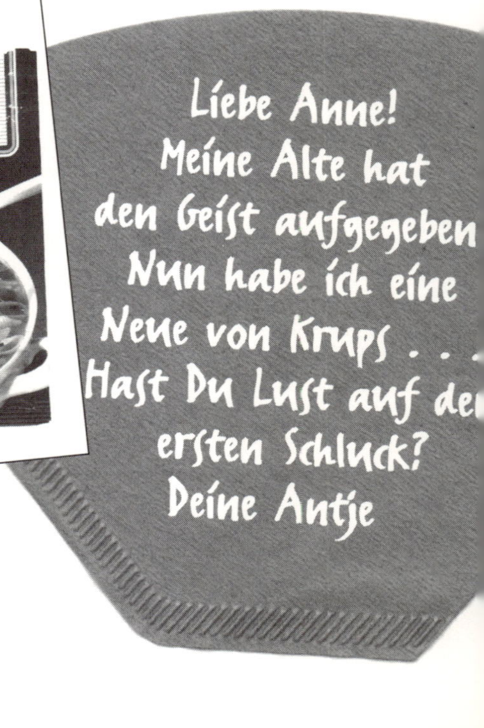

Ahoi lieber Eckbert!

Ich möchte Dir ganz -lich zu Deinem -Tag gratulieren und öffne eine ganz große für Dich. Da ich kurz vor diesen lieben schreibe, gibt es einen dicken . Und da ich nicht zu Dir kommen kann, Deine berühmte Pizza Eckberto zu genießen, nehme ich dies einfach zum Anlaß, dich zu meiner leckeren Pizza Belli-Bellissimo einzula vielleicht am Wochenende?

Zusage bitte rechtzeitig unter 23

Alles Liebe, Dein Knudel

Wieder alles Käse!

Hallo Maus, auch in diesem Jahr solltest Du Dir mein traditionelles Käsefondue nicht entgehen lassen. Die Schlacht um den runden Topf beginnt am 4.10. um 19.00 Uhr.

Dein Bärchen

Kinderfest

Kinderpartys sind fröhliche, ausgelassene Feste, die umso gelungener wirken, wenn sie unter einem bestimmten Motto stehen wie beispielsweise Matrosen- oder Indianerfest. Eine besondere Bedeutung haben Kostümfeste, die nicht nur den Kindern viel Spaß bereiten, sondern auch sehr kreative Einladungen zulassen. Wesentliches ist hierzu bereits im Kapitel »Kindergeburtstage« (Seite 44) gesagt worden.
Für ein Zauberfest kann man beispielsweise den Text in Reimen formulieren, so daß er wie ein geheimnisvolles Orakel wirkt. Die gesamte Einladung kann mit »Geheimtinte« geschrieben werden (zum Beispiel mit Zitronensaft; erst durch Erhitzen über einer 100-Watt-Birne oder einem Bügeleisen wird der Text sichtbar) oder mit einem »unsichtbaren« Filzstift, dessen Schrift sich nur durch Schraffieren mit einem speziellen Komplementärstift (den man der Einladung beilegt) entziffern läßt.

Liebe Anke!

Donner, Blitz und dunkle Schwaden,
bist zu einem Fest geladen,
mit Magie, davon ganz viel,
Zauberei ist dort im Spiel.
Mäuseblut und Froschgebein,
nächsten Samstag wird es sein.
Voller Mond und Krötenbrei,
du sollst hier sein um halb zwei.
Zauberstab und Elfenkuß,
so ab acht ist wieder Schluß.
Viele Tricks, geheime Kräfte,
Kuchen und ganz viele Säfte
braut und hext speziell –

Deine Iris Tell

Fastnacht

Auch wenn sich das Fastnachts- oder Karnevalstreiben vorwiegend in der Öffentlichkeit (auf den Straßen, in Gaststätten und Wirtshäusern) abspielt, finden doch viele Bälle, Kostümfeste oder Partys statt, zu denen besonders eingeladen wird.
Karten können mit traditionellen graphischen Elementen wie aufgeklebtem Konfetti, beigelegten Luftschlangen, Ratschen oder Masken, aber auch mit Hexen- und Drachenmotiven verziert sein. Eine andere Möglichkeit: Man klebt Zeichnungen oder Fotos von Narrenszenen auf die Karte, gibt der Einladung besondere Eintrittskarten oder eine »Kamelle« bei (sie wird insbesondere im Rheinischen auf den Rosenmontagszügen von den Wagen geworfen) oder schreibt den Text auf eine – ausgerollte – Narrenpritsche.
Eingeladen wird auch zur Weiberfastnacht am Donnerstag vor dem eigentlichen Karneval, an dem die Frauen das Regiment in der Stadt übernehmen (und den Männern die Krawatten abschneiden). Schlips und Schere sind dabei naheliegende Motive, mit denen sich eine Karte gut schmücken läßt.

Textbeispiel für eine Kinderfaschingsparty:

Lieber Patrick,

Häuptling Winnetou ruft alle Rothäute und alle weißen Frauen und Männer zu einem großen Stammesfest am 12. Februar in die Sudholzgasse 7. Eingelassen wird ab 15 Uhr, wer Federschmuck, Kriegsbemalung, Friedenspfeife oder Pfeil und Bogen vorzeigt. Die Stammesmutter und der Medizinmann haben das Nahrungslager mit leckeren Sachen gefüllt.

Hugh, es hat gesprochen

Dein Stefan

Einladu
Kostümzwan
Am 16. 2. 19
Köln
Kölner
am Kölnsten
Weiber, versammelt Euch!
Die 5. Jahreszeit ist
angebrochen.
Der Jagdruf ertönt!
Wir versammeln uns
am Donnerstag um 11.11 Uhr
auf der Domplatte.
Seid gerüstet!

Nikolausfeier

Das bekannteste Fest in der Adventszeit ist das Fest des heiligen Nikolaus. Es wird in der Regel von Vereinen oder Dorfgemeinschaften gefeiert, zunehmend aber auch im privaten Kreis, zu dem Großeltern, Freunde oder befreundete Nachbarn mit ihren Kindern eingeladen werden.
Das Spektrum graphischer Vorlagen ist für diesen Anlaß sehr breit und reicht von alten Kupferstichen mit Nikolausmotiven über Zeichnungen von Ruten, Bischofsstäben, gefüllten Stiefeln, Christbaumkugeln, Äpfeln und Nüssen bis zu altbekannten Weihnachtsmotiven. Man kann der Einladung einen kleinen (künstlichen) Tannenzweig beigeben oder einen Spekulatius; man kann den Text auf die Rückseite eines besonders schönen Weihnachtsgeschenkpapiers schreiben oder einen schwarzen Fingerabdruck von Knecht Ruprecht (bzw. Krampus oder Hans Muff) beilegen. Denkbar ist auch, auf die erste Seite einer Klappkarte ein Nikolausgedicht zu schreiben, das ein wenig auf den Festtag einstimmt.

Silvesterparty

Das Fest am letzten Tag des Jahres hat seinen Höhepunkt um Mitternacht, wenn Sektkorken knallen und private oder öffentliche Feuerwerksdarbietungen ihren Zauber am nächtlichen Himmel entfalten. Man kann diesen Tag ausgelassen im großen Kreis (oft auch auf Silvesterbällen) oder im mehr privaten Rahmen feiern.
Die Gestaltung der Karte hängt stark vom Temperament des Einladenden ab. Sie kann in persönlicher Form Rück- und Ausblick halten, sie kann zwei Eintrittskarten für einen Ball oder eine Revue enthalten (oder die entsprechende Zeitungsanzeige in Kopie) oder als selbstgefertigtes Knallbonbon (aus Tonkarton mit silbernem Kreppapier) konzipiert werden.

Graphisch lockern Symbole wie Glücksschwein, Zylinder, Schornsteinfeger und Fliegenpilz sowie Luftschlangen, Sektkorken und natürlich Feuerwerkskörper den Text auf. Als originelle Beigabe zur Einladung ist eine gegossene Bleifigur denkbar.

Lieber Helmut,

in diesem seltsamen Jahr habe ich Deine Besuche in Aachen, vor allem aber die nach meinem Leitersturz in Düren auf der chirurgischen Station, in sehr angenehmer Erinnerung. Vielleicht deshalb, weil man sich in solchen Ausnahmesituationen besonders der Freundschaft versichert, die man ansonsten eher unterschwellig spürt.
Der Gips ist ab, und mit dem Laufen klappt es schon wieder recht gut. Da will ich die neu gewonnene Mobilität nutzen, um eine Feier zu geben, die ich auf den 31. Dezember (ab 19.30 Uhr) angesetzt habe, um mit all denen ins neue Jahr zu starten, mit denen ich mich im alten verbunden gefühlt habe.

Liebe Barbara,

in den Straßen ist es jetzt still, und wenn am Abend die Lichter der Weihnachtsbäume angehen, macht einen das schon ordentlich melancholisch. Wir haben ein paar Stunden mehr miteinander verbucht als 19.., und meine Telefonrechnung ist auf weit über 1000 Einheiten im Monat gestiegen. Hast Du Lust, Silvester nach Köln zu kommen und mit mir ins nächste Jahr hineinzufeiern? Ich habe Karten für einen Zwanziger-Jahre-Ball auf dem Colonius gekauft. Von dort hat man einen herrlichen Blick auf die Stadt, wenn das Feuerwerk losgeht.

Ciao, Stephan

Feste nach Lust und Laune
Verschiedenste Anlässe

Ein Fest zu feiern, auch wenn kein Jubiläum oder ein offizieller Anlaß dazu herausfordert, entsteht oft aus einer impulsiven Laune, mit Freunden und Bekannten ein paar gemütliche Stunden zu verbringen. Das Spektrum solcher »Zwischendurch-Feste« (die aber durchaus auch von langer Hand vorbereitet sein können) reicht von »Aufforderungen zum Sturztrunk« über kuriose »Gedächtnisfeiern«, einschneidende private und persönliche Anlässe (»Heute lief mein Paß ab ...«) bis zu Pizzafesten, Fahrradtouren oder Verkleidungspartys.

Die Form der Einladung entspricht einem oft willkürlich erfundenen Motto und erscheint um so gelungener, je ausgefallener und unkonventioneller sie gestaltet ist.

Originelle Beigaben (etwa ein Pflaster zur Versöhnungsfeier) oder Stilformen (in der Art eines detektivischen Fahnders, in Mundart oder im Duktus eines Horoskops) machen Ihre Einladungen zündend, weil individuell. Im folgenden einige Beispiele.

Detektei Karlo

Privatdetektei Karlo 45236 Pfaffhofen Am Schloßpark 22

Betr.: **Aufdeckung einer undurchsichtigen Veranstaltung**

Streng vertraulich

Wie ich aus zuverlässiger Quelle erfahren habe, beabsichtigt Frau Beißner am 22. Januar 19.. ein **kleines Jubiläumsfest** in ihrer Wohnung in 51248 Bedburg, Dorfstr.2 zu veranstalten. Es wäre wichtig, daß Sie an cem Ereignis teilnehmen. Damit Sie im Kreise der Gäste nicht auffallen, schlage ich folgende Verhaltensregel vor: Es wäre sinnvoll, wenn Sie mit allen anderen Gästen pünktlich um 20 Uhr einträfen. Ihren Wagen parken Sie am besten im Lorenzweg. Als Garderobe würde ich Innen einen Tagesanzug empfehlen. Selbstverständlich erwarte ich von Ihnen, daß Sie sich durch gute Laune, durch Tanz und durch Mitverzehren des kleinen Imbisses unauffällig in die Gesellschaft einfügen.

Noch einige Worte zum Personal, deren Namen Sie kennen sollten. Sie werden voraussichtlich von der Empfangsdame Sandra eingelassen, bedienen wird Sie ein gewisser Butler Helmut.

Zum Schluß möchte ich Ihnen noch empfehlen, sich auf eine lange Nacht einzurichten.

Einladung zur

Tour

Die Luft ist raus, der Akku leer,
die Muskelkraft stellt´s wieder her.
Die Sonne scheint, drum hol es rauf –
das Radl und den Flicken drauf
und aufgepumpt, schon fahren wir
durch Felder, Wiesen und Auen,
laß uns gemeinsam sie schauen.
Am 10.5., 9.00 Uhr, da geht es los,
Treffpunkt bei mir, Ihr seid dabei – famos!

Eure Tina

Königsdorfer Filmfest

Jeder möge, angedeutet durch besondere Kleidung, Make-up oder Requisiten, eine Kinofigur seiner Wahl verkörpern.

Einmal ein Star sein . . .

i André und Dagmar Roth
enstr. 89 in 50226 Frechen
Tel. 0542/67584

A.w.g. bis 26.8.19..

HOROSKOP für Samstag den 31.7.19..

LÖWE 23.7.–23.8.

Ruhen Sie sich tagsüber aus, dann sind Sie abends in der Verfassung, Großes durchzuführen.

Der heutige Abend steht ganz im Zeichen der guten Laune und mutet Ihrem Körper eine Menge Arbeit zu.

Diejenigen unter den Löwen, die tagsüber noch nüchtern sind, werden dies in den Abendstunden, bei diversen alkoholischen Getränken, ändern können.

In geselliger Umgebung wandelt sich das Unbehagen vom Tage in Wohlbehagen um. Wenn Sie nun zielstrebig feiern, werden Sie zu großer Form auflaufen.

Glückszahl: 31-7-19..

Ob Dein Horoskop auch wirklich eintrifft, hast Du bei meinem **4. Gartenfest**, ab 19 Uhr, selbst in der Hand (im Glas).

Bis dann, Dein Georg

---

10 852
+ 9 148
20 000

Am 19.8.19.. sind wir zusammen schon 20 000 Tage alt!
Wir finden, das ist ein Grund zum Feiern!
Ab 20.00 Uhr in der Au 12
Wir freuen uns auf Dein Kommen.

Annegrit & Christoph

Der

Bart

ist

ab

!

... der Schaum ist abgewischt,
die Narben verheilt ...
... ich bin ein neuer Mensch!

Um größeren Verwechslungen
»... ist das nicht Don Johnson?«)
und Mißverständnissen
(»... oh Gott, bist Du´s?«)
vorzubeugen, gebe ich mich
am nächsten Sonntag
b 9.00 Uhr zu einer Gratis -
besichtigung frei.

Schaum gibt´s bei mir,
Klinge liegt bei,
Beratung kostenlos.

Im FALKEN Verlag sind zahlreiche Titel zum Thema »Gastlichkeit« erschienen. Fragen Sie Ihren Buchhändler.

Die Deutsche Bibliothek – CIP-Einheitsaufnahme

Zey, René:
Einladungen texten und gestalten / Autoren: René Zey ; Antje Bellingen. – Niedernhausen/Ts. : FALKEN, 1994
(FALKEN Bücherei)
ISBN 3-8068-1484-8

ISBN 3 8068 1484 8

Gestaltung und Herstellung: Nikolai Krasomil, Wiesbaden
Redaktion: Winfried Schindler
Titelbild: Nikolai Krasomil, Wiesbaden

Satz: Design Werkstatt Krasomil
Druck: Konkordia Druck GmbH, Bühl/Baden

817 2635 4453 6271

NÜTZLICHE RATGEBER

EINE AUSWAHL

Stand: Frühjahr 1994

Hobby und Freizeit

Falken-Handbuch
Zeichnen und Malen
(**4167**-5) Von B. Bagnall, 336 S., 1154 Farbzeichnungen, Pappband. ●●●●●

Kreativ Zeichnen
(**4688**-X) Von B. Bagnall, 176 S., zahlr. Farbabb., Pappband. ●●●●

Punkt, Punkt, Komma, Strich
Zeichnen leicht gemacht
(**4721**-5) Von H. Witzig, 144 S., 512 s/w-Zeichnungen, Pappband. ●●

Punkt, Punkt, Komma, Strich
Zeichenstunde für Kinder
(**0564**-4) Von H. Witzig, 144 S., über 250 Zeichnungen, kart. ●

Einmal grad und einmal krumm
Zeichenstunde für Kinder
(**0599**-7) Von H. Witzig, 144 S., 363 Abb., kartoniert. ●

Figürliches Zeichnen
leicht gemacht
(**1010**-9) Von H. Witzig, 112 S., 462 Figuren, kartoniert. ●

Airbrush
Kreatives Gestalten mit dem Luftpinsel
(**1133**-4) Von C. M. Mette, 80 S., 145 Farbfotos, 40 Farbzeichnungen, kartoniert. ●●

Kalligraphie
Die Kunst des schönen Schreibens
(**4263**-9) Von C. Hartmann, 120 S., 44 Farbvorlagen, 29 s/w-Vorlagen, 2 s/w-Zeichnungen, 38 Farbfotos, Pappband. ●●●●

Gestalten mit Schrift
Kalligraphie
(**1044**-3) Von I. Schade, 80 S., 2 Farb- und 1 s/w-Foto, 143 Farbzeichnungen, kart. ●●

Hobby Aquarellmalen
Landschaft und Stilleben
(**0876**-7) Von I. Schade, A. Brück, 80 S., 111 Farbabb., kart. ●●

Technik · Gestaltung · Ausdruck
Aquarellmalerei
Von der Realität zum Bild
(**4529**-8) Von Prof. W. Wrisch, 136 Seiten, 172 farb. Abbildungen, 5 s/w-Abbildungen, 46 Zeichnungen, Pappband. ●●●●

Hobby Ölmalerei
Landschaft und Stilleben
(**0875**-9) Von H. Kämper, I. Becker, 80 S., 93 Farbabb., kart. ●●

FALKEN
Lexikon der Seidenmalerei
Mit großer Farbmischtabelle
(**4737**-1) Von K. Huber, 208 S., 192 Farbfotos, Pappband. ●●●●

Seidenmalerei in Vollendung
(**4414**-3) Hrsg. von R. Smend, 160 S., 227 Farbfotos, 36 s/w-Fotos, geprägter Leineneinband mit Schutzumschlag, im Schuber. ●●●●●

Seidenmalerei
Westen · Blusen · Hosen
(**1455**-4) Von C. Köhl, ca. 64 Seiten, durchgehend vierfarbig, zahlreiche Abbildungen, mit Vorlagebogen, kartoniert. ●●

Seidenmalerei und Modedesign
Modelle · Techniken · Schnittmuster
(**4476**-3) Von B. Hansen, 176 S., 140 Farbf. 93 Farb-, 68 s/w-Zeichn., Pappband. ●●●●

Seidenmalerei Exklusive Tücher
(**1303**-5) Von E. Schwinge, 80 S., 79 Farbfotos, 6 Zeichnungen, kart. ●●

Kreative Seidenmalerei
Motive · Muster · Farbenspiel
(**4720**-7) Von M. Neubacher-Fesser, ca. 136 S., zahlr. Farbabb., Pappband. ●●●●

Seidenmalerei
Muster über Muster
20 Künstlerinnen präsentieren 120 Ideen
(**4744**-4) 128 S., 188 Farbabbildungen, Pappband. ●●●●

Seidenmalerei
Die wichtigsten Techniken Schritt für Schritt
(**1357**-4) Von B. Hansen, 64 S., 97 Farbfotos, kartoniert. ●●

Seidenmalerei als Kunst und Hobby
(**4264**-7) Von S. Hahn, 136 S., 256 Farbfotos, 1 s/w-Foto, Pappband. ●●●●

Neue zauberhafte Seidenmalerei
Motive und Anregungen aus der Natur
(**0924**-0) Von R. Henge, 80 S., 148 Farbfotos, 27 s/w-Zeichnungen, kart. ●●

Krawatten, Tücher und Fliegen individuell gestalten
Seidenmalerei
(**1242**-X) Von A. Reichmann, 64 S., durchgehend vierfarbig, kart. ●●

Aquarellieren auf Seide
Materialien · Techniken · Motive
(**0917**-8) Von I. Demharter, 32 S., 41 Farbfotos, Pappband. ●

Airbrush auf Seide
(**1342**-6) Von I. Demharter, 64 S., zahlreiche Farbabbildungen, kart. ●●

Airbrush Seidenmalerei
Mit Vorlagen für Schablonen
(**1356**-6) Von C. M. Mette, 80 S., 129 Farbf., kartoniert. ●●●

Seidenmalerei Bäume und Blätter
(**5249**-9) Von D. Kosik, 32 S., 5 Farbfotos, 23 Farb- u. 13 s/w-Zeichungen, kart. ●

Seidenmalerei Landschaften
(**5153**-0) Von D. Kosik, 32 S., 50 Farbfotos, 12 Zeichnungen, mit Vorlagebogen in Originalgröße, kart. ●

Seidenmalerei Kissen
(**5151**-4) Von I. Demharter, 32 S., 42 Farbfotos, 2 Zeichnungen, mit Vorlagebogen in Originalgröße, kart. ●

Seidenmalerei Blusen und T-Shirts
(**5184**-0) Von A. Keller, 32 S., 28 Farbfotos, 12 Zeichnungen, mit Vorlagebogen in Originalgröße, kartoniert. ●

Seidenmalerei Tücher und Schals
(**5152**-2) Von R. Henge, 32 S., 36 Farbfotos, 1 Zeichnungen, mit Vorlagebogen in Originalgröße, kart. ●

Seidenmalerei Tiermotive
(**5204**-9) Von A. Keller, 32 S., 37 Farbfotos, mit Vorlagebogen in Originalgröße, kart. ●

Serti Designo
Seidenmalerei mit Kreidestiften
(**5208**-1) Von S. Tichy-Gibley, 32 S., 46 Farbfotos, mit Vorlagebogen in Originalgröße, kart. ●

Seidenmalerei Lampenschirme
(**5154**-9) Von I. Walter-Ammon, 32 S., 47 Farbfotos, 1 Zeichnung, mit Vorlagebogen in Originalgröße, kart. ●

Seidenmalerei Blüten, Blätter, Ranken
(**5165**-4) Von D. Kosik, 32 S., 35 Farbfotos, 4 Zeichnungen, mit Vorlagebogen in Originalgröße, kart. ●

Seidenmalerei Schmuckkarten und Miniaturbilder
(**5166**-2) Von I. Walter-Ammon, 32 S., 37 Farbfotos, 2 Zeichnungen, mit Vorlagebogen in Originalgröße, kart. ●

Akzente mit Perlen, Pailetten und Straß
Seidenmalerei
(**5248**-0) Von A. Keller, 32 S., ca. 50 Farbf., mit Vorlagebogen in Originalgröße, kart. ●

Seidenmalerei Bilder in Konturentechnik
(**5182**-4) Von I. Demharter, 32 S., 28 Farbfotos, 2 Zeichnungen, mit Vorlagebogen in Originalgröße, kart. ●

Seidenmalerei Applikationen
(**5224**-3) Von J. Bressau, 32 S., 50 Farbfotos, mit Vorlagebogen in Originalgröße, kart. ●

Apartes aus bemalter Seide
(**5274**-X) Von E. Möller, 48 Seiten, durchgehend vierfarbig, kartoniert. ●

Malen auf Seide
kinderleicht
(**5218**-9) Von R. Henge, 32 S., 11 Farbfotos, 44 Farbzeichn., Vorlagebogen, kartoniert. ●

Moderne Stoffmalerei
(**1358**-2) Von H. Sander, 64 S., 73 Farbf., 50 s/w-Zeichn., kart. ●●

Perfekt Stricken
Mit Sonderteil Häkeln.
(**4250**-7) Von H. Jaacks, 256 S., 703 Farbfotos, 169 Farb- und 121 s/w-Zeichnungen, Pappband. ●●●●

Das moderne Standardwerk
Nähen
(**4709**-6) Von S. von Rudzinski, 176 S., vierfarbig, Pappband. ●●●●

Stoffpuppen
nach alten Vorbildern
(**5281**-2) Von M. Meinesz, 48 S., durchgehend vierfarbig, mit Vorlagebogen, kart. ●

Heißgeliebte Teddys
Selbermachen · Sammeln · Restaurieren
(**0900**-3) Von H. Nadolny und Y. Thalheim, 80 Seiten, 118 Farbfotos, kartoniert. ●●●

Die hier vorgestellten Bücher, Videokassetten und Software sind in folgende Preisgruppen unterteilt:

- ● Preisgruppe bis DM 10,–/S 79,–/SFr 11,–
- ●● Preisgruppe über DM 10,– bis DM 20,– S 80,– bis S 160,– SFr 10,– bis SFr 21,–
- ●●● Preisgruppe über DM 20,– bis DM 30,– S 161,– bis S 240,– SFr 21,– bis SFr 30,–
- ●●●● Preisgruppe über DM 30,– bis DM 50,– S 241,– bis S 400,– SFr 30,– bis SFr 50,–
- ●●●●● Preisgruppe über DM 50,–/S 401,–/SFr 50,–

* (unverbindliche Preisempfehlung)

Die Preise entsprechen dem Status beim Druck dieses Verzeichnisses (s. Seite 1) – Änderungen, im besonderen der Preise, vorbehalten –

Falken-Verlag GmbH · Postfach 1120 FALKEN D-65521 Niedernhausen/Ts. · Tel.: 0 61 27 / 70 20

Marionetten
selbst bauen und führen
(**1043**-5) Von D. Köhnen, 80 S., 150 Farbfotos, mit Schnittmusterbogen, kartoniert. ●●

Hampelmänner
Basteln mit Kindern ab 5 Jahren
(**5240**-5) Von F. Michalski, 32 S., ca. 50 Farbabb., mit Vorlagebg. in Originalgröße, kart. ●

Künstlerpuppen
im 20. Jahrhundert
(**4719**-3) Hrsg. R. Höckh, 160 S., 192 Farbfotos, 26 s/w-Fotos, Pappband. ●●●●●

Charakterpuppen
aus Cernit und Porzellan selbst gestalten
(**1156**-3) Von S. Becker, 64 S., 143 Farbfotos, 30 Zeichnungen, 3 Vignetten, mit Schnittmusterbogen, kartoniert. ●●

Puppen zum Liebhaben
(**5199**-9) Von B. Wehrle, 32 S., 27 Farbfotos, 9 s/w-Zeichnungen, mit Vorlagebogen in Originalgröße, kartoniert. ●

Basteln mit Kindern
Moosgummi
(**5271**-5) Von A. und R. Schurr, 48 S., durchgehend vierfarbig, mit Vorlagebogen, kart. ●

Neue zauberhafte Salzteig-Ideen
(**0719**-1) Von I. Kiskalt, 80 S., 324 Farbfotos, 12 Zeichnungen, Schablonen, kart. ●●

Salzteig kinderleicht
(**0973**-9) Von I. Kiskalt, 80 S., 224 Farbfotos, 8 Zeichnungen, kartoniert. ●●

Hobby Salzteig
(**0662**-4) Von I. Kiskalt, 80 S., 150 Farbfotos, 5 Zeichnungen und Schablonen, kart. ●●

Kreatives gestalten mit Ton
Töpfern ohne Scheibe – Aufbaukeramik
(**0896**-1) Von A. Riedinger, 80 S., 207 Farbfotos, 16 Zeichnungen, 7 Vignetten, kart. ●●

Kreatives Gestalten mit Ton
Töpfern auf der Scheibe
(**0971**-2) Von A. Riedinger, 80 S., 28 Farb- und 3 s/w-Zeichnungen, 178 Farbf., kart. ●●

Kneten und Modellieren
kinderleicht
(**5217**-0) Von V. Ettelt, 32 S., 12 Farbtafeln, 72 Farbzeichnungen, Vorlagebogen, kart. ●

Hobby Glaskunst in Tiffany-Technik
(**0781**-7) Von N. Köppel, 80 S., 194 Farbfotos, 6 s/w-Abbildungen, kartoniert. ●●

Tiffany-Technik
und andere kunstvolle Arbeiten in Glas
(**0972**-0) Von D. Köhnen, 80 S., 176 Farbfotos, 5 s/w-Zeichnungen, kartoniert. ●●

Ikebana
Grundstile und Variationen
(**4749**-5) Von E. Schwalm, 112 Seiten, ca. 165 Farbfotos, 45 Grafiken, 2 Tabellen, gebunden. ●●●●

Dekorieren und Gestalten mit Naturmaterialien
rund ums Jahr
(**4748**-7) Von E. Dommershausen u.a., 128 S., ca. 200 Farbf. und -zeichnungen, geb. ●●●

Masken
phantasievoll dekorieren
(**5155**-7) Von Chr. Familler, 32 S., 48 Farbf., mit Vorlagebg. in Originalgröße, kart. ●

Laubsägearbeiten für das Kinderzimmer
(**5245**-6) Von H.-P. Krafft, 32 S., ca. 50 Farbf., mit Vorlagebg. in Originalgröße, kartoniert. ●

Schwingtiere aus Holz gestalten
(**5222**-7) Von der Arbeitsgem. Werken, 32 S., 50 Farbfotos, mit Vorlagebogen in Originalgröße, kartoniert. ●

FALKEN Video
Drachen
bauen und fliegen
(**6141**-2) VHS, ca. 45 Min., in Farbe, mit Broschüre. ●●●●*

Drachen
bauen und steigen lassen.
(**0767**-1) Von W. Schimmelpfennig, 80 Seiten, 1 dreiseitige Ausklapptafel, 55 Farbfotos, 139 Zeichnungen, kart. ●●●

Lenkdrachen
bauen und fliegen
(**1011**-7) Von W. Schimmelpfennig, 64 Seiten, 51 Farbf. und 126 Zeichnungen, kart. ●●

Neue Lenkdrachen und Einleiner
bauen und fliegen
(**1353**-1) Von W. Schimmelpfennig, 80 Seiten, 54 Farbf., 95 Farbzeichn., kart. ●●●

Drachen
Einfache Modelle für Kinder
(**5156**-5) Von W. Schimmelpfennig, 32 Seiten, 11 Farbfotos, 31 Zeichnungen, mit Vorlagebogen, kartoniert. ●

Basteln mit Kleinkindern
ab 3 Jahren
(**4747**-9) Von W. Kottke und I. Hübers-Kemink, 128 Seiten, über 200 Farbabbildungen, mit Vorlagebogen, gebunden. ●●●

Das goldene Bastelbuch für Kinder
(**4769**-X) Von U. Barff (Hrsg.), 336 Seiten, durchg. vierf., mit 2 Vorlagebogen, geb. ●●●

Basteln mit Kindern
Dinos & Drachen
(**5279**-0) Von G. Reinscheid, 48 Seiten, durchgehend vierfarbig, mit Vorlagebogen, kart. ●

Basteln mit Kindern
Fensterbilder Ritter und Burgen
(**5284**-7) Von D. Köhnen, 48 Seiten, durchgehend vierfarbig, mit Vorlagebogen, kart. ●

Das große farbige
Bastelbuch für Kinder
(**4254**-X) Von U. Barff, I. Burkhardt, J. Maier, 224 S., 157 Farbf., 430 Farb- und 60 s/w-Zeichn., m. Schnittmusterbg., Pappband. ●●●

Origami
Tiere aus aller Welt
(**5250**-2) Von J. Maier, 32 Seiten, 19 Farbfotos, 68 Farb- u. 16 s/w-Zeichnungen, kartoniert. ●

Hobby Origami
Papierfalten für groß und klein
(**0756**-6) Von Z. Aytüre-Scheele, 80 Seiten, 820 Farbfotos, kartoniert. ●●

Neue zauberhafte Origami-Ideen
Papierfalten für groß und klein
(**0805**-8) Von Z. Aytüre-Scheele, 80 Seiten, 720 Farbfotos, kartoniert. ●●

Zauberwelt Origami
Tierfiguren aus Papier
(**1045**-1) Von Z. Aytüre-Scheele, 80 Seiten, 660 Farbfotos, kartoniert. ●●

Kreatives Gestalten mit **Papiermaché**
(**5246**-4) Von B. Jetzek-Berkenhaus, 32 S., ca. 50 Farbfotos, mit Vorlagebogen in Originalgröße, kartoniert. ●

Marmorieren
Muster · Techniken · Gestaltungsideen
(**5247**-2) Von T. Hartel, 32 S., ca. 50 Farbfotos, mit Vorlagebg. in Originalgröße, kart. ●

Heut basteln wir mit Pappe und Papier
(**4413**-5) Von U. Barff, J. Maier, 224 Seiten, 117 Farbfotos, 480 Farbzeichn., 25 s/w-Abb., mit Schnittmusterbogen, Pappband. ●●●

Das große farbige Bastel- und Werkbuch
(**4439**-9) Von D. Rex, 256 S., 999 Farbfotos, 33 Farbzeichnungen, Pappband. ●●●●

Mein liebstes Spiel- und Bastelbuch
Die Welt der Dinosaurier
Tiere und Landschaften zum Selbermachen
Ausbrechen, aufstellen, spielen
(**4478**-X) Von B. Burkart, 8 Blatt mit herauslösbaren Motiven, 280-g-Karton mit Stanzung, 8 S. Bastelanl. und Sachinformation. ●●

Das große farbige
Dinosaurierbastelbuch
(**4686**-3) Von S. Koter, 128 S., 87 Farbfotos, 71 Farbzeichn., Vorlagebogen, Pappbd. ●●●

Fensterbilder in Scherenschnitt
(**5169**-7) Von A. Hahn, 32 Seiten, 52 Farbfotos, 3 s/w-Fotos, mit Vorlagebogen in Originalgröße, kartoniert. ●

Fensterbilder
Meine Lieblingstiere
(**5197**-2) Von Y. Thalheim, H. Nadolny, 32 Seiten, 38 Farbfotos, mit Vorlagebogen in Originalgröße, kartoniert. ●

Fensterbilder Enten und Gänse
(**5278**-2) Von D. Köhnen, 48 Seiten, durchgehend vierfarbig, mit Vorlagebogen, kart. ●

Fensterbilder Lustige Tiere
(**5210**-3) Von F. Michalski, 32 S., 47 Farbfotos, mit Vorlagebogen in Originalgröße, kart. ●

Fensterbilder Bauernhof
(**5264**-2) Von D. Köhnen, 48 Seiten, 44 Farbfotos, Vorlagebogen, kartoniert. ●

Fensterbilder Dinosaurier
(**5260**-X) Von C. Hüfner, 32 S., 8 Farbfotos, 47 Farbzeichnungen, Bastelbogen, kart. ●

Basteln mit Kindern
Fensterbilder Ritter und Burgen
(**5284**-7) Von D. Köhnen, 48 Seiten, durchgehend vierfarbig, mit Vorlagebogen, kart. ●

Mit Farben und Papieren
Fenster dekorieren
(**5255**-3) Von K. Groß, 32 Seiten, 8 Farbfotos, 59 Farbzeichnungen, kartoniert. ●

Basteln mit Kindern
Große Fensterbilder
(**5276**-6) Von D. Köhnen, 48 Seiten, durchgehend vierfarbig, mit Vorlagebogen, kart. ●

Originelle Fensterbilder
aus Tonpapier und Tonkarton
(**1305**-1) Von D. Köhnen, 64 Seiten, 70 Farbfotos, kartoniert. ●●

Die schönsten Fensterbilder
(**1066**-4) Von C. Kimmerle, 64 S., 100 Farbfotos, 7 Zeichnungen, kartoniert. ●●

Das Fensterbilder-Alphabet
Basteln mit Kindern ab 5 Jahren
(**5242**-1) Von E. Bohne, 32 S., ca. 50 Farbabb., mit Vorlagebogen in Originalgröße, kart. ●

Märchenhafte Fensterbilder
(**5185**-9) Von J. Maier, 32 S., 37 Farbfotos, mit Vorlagebogen in Originalgröße, kart. ●

Fensterbilder Blumen und Tiere
(**5186**-7) Von M. Twachtmann, 32 Seiten, 41 Farbfotos, 3 Zeichnungen, mit Vorlagebogen in Originalgröße, kartoniert. ●

Fensterbilder rund um die Welt
(**1411**-2) Von D. Köhnen, 64 Seiten, Vorlagebogen, 66 Farbfotos, kartoniert. ●●

Fensterbilder Zahlen
(**5268**-5) Von E. Bohne, 32 S., zahlr. Farbabbildungen, Vorlagebogen, kartoniert. ●

Fensterbilder Strand und Meer
(**5266**-9) Von B. Alex, 32 S., 57 Farbfotos, Vorlagebogen, kartoniert. ●

Fensterschmuck
Originelle Ideen für Dekorationen und Fensterbilder
(**1241**-1) Von D. Köhnen, 64 S., ca. 70 Farbfotos, Vorlagebogen, kartoniert. ●●

Klassisches Origami
Asiatische Faltkunst für Fortgeschrittene
(**1454**-6) Von P. D. Tuyen, ca. 80 Seiten, ca. 600 farbige Abbildungen, kartoniert. ●●

Sticker
Bastelspaß mit bunten Bildern
(**5270**-7) Von D. Dieterle und J. Reick, 48 S., 73 Farbfotos, mit Vorlagebogen, kartoniert. ●

Papierflieger
(**5157**-3) Von T. Gött, 32 S., 73 Farbf., 19 Zeichn mit Vorlagebogen in Originalgröße, kart. ●

Windspielzeug
Bastelspaß mit Kindern ab 5 Jahren
(**5241**-3) Von D. Köhnen, 32 S., ca. 50 Farbabb., mit Vorlagebg. in Originalgröße, kart. ●

Flieger und Schiffe aus Papier
falten, ausbalancieren und steuern
(**1410**-4) Von C. Hüfner, ca. 80 Seiten, zahlr. Farbabbildungen, kartoniert. ●●

Faltschnitte
(**5257**-X) Von B. Blankenburg, 32 S., 12 Farbf., 42 Farbzeichn., Vorlagebogen, kartoniert. ●

Laternen und Lampions
(**5206**-5) Von C. Hüfner, 32 S., 60 Farbfotos, mit Vorlagebogen in Originalgröße, kart. ●

Mobiles aus Papier
(**5183**-2) Von J. Maier, 32 S., 17 Farbfotos, 35 Farbzeichnungen, mit Vorlagebogen in Originalgröße, kartoniert. ●

Tiermobiles
(**5258**-8) Von C. Hüfner, 32 Seiten, 57 Farbzeichnungen, Vorlagebogen, kartoniert. ●

Sonne, Mond und Sterne
Motive und Geschenkideen
(**5282**-0) Von D. Köhnen, 48 Seiten, durchgehend vierfarbig, mit Vorlagebogen, kart. ●

Bastelideen für Indianerspiele
(**5252**-9) Von B. Nelich, D. Velte, 32 Seiten, 38 Farbfotos, Vorlagebogen, kartoniert. ●

Der große Verkleidungsspaß
Kinderkostüme
(**1304**-3) Von C. Baumgarten, 53 Farbfotos, 183 Farbzeichn., Vorlagebogen, kart. ●●

Lustige Geschenk- und Schultüten
(**5263**-4) Von F. Michalski, 32 Seiten, 26 Farbfotos, Vorlagebogen, kartoniert. ●

Deco Art
Die Kunst, Geschenke zu verpacken
(**0949**-6) Von B. Niermann, 80 S., 78 Farbfotos, 191 Zeichnungen, kartoniert. ●●

Geschenke wunderschön verpacken
(**1113**-X) Von P. Jansen, 80 S., 79 Farbfotos, 166 Farbzeichnungen, kartoniert. ●●

Geschenke umweltfreundlich verpacken
(**1240**-3) Von P. Jansen, 64 S., vierfarbige Fotos und Illustrationen, kartoniert. ●●

Geldgeschenke
phantasievoll gestalten
(**5251**-0) Von P. Jansen, 32 Seiten, 49 Farbfotos, Vorlagebogen, kartoniert. ●

Geldgeschenke · Gutscheine · Geschenkanhänger
originell gestalten und verpacken
(**1115**-6) Von S. Haenitsch-Weiß, A. Weiß, 80 Seiten, 176 Farbfotos, kartoniert. ●●

Geschenke verpacken für Kinderfeste
(**5195**-6) Von C. Netolitzky, 32 S., 43 Farbfotos, mit Vorlagebogen in Originalgröße, kart. ●

Originelles Ambiente für Gäste
Festdekorationen
(**1049**-4) Von B. Niermann, 80 S., 125 Farbfotos, 59 Farbzeichn., kartoniert. ●●

Origineller Bastelspaß rund ums Herz
Motive und Geschenkideen
(**5272**-3) Von D. Köhnen, 48 Seiten, durchgehend vierfarbig, mit Vorlagebogen, kart. ●

Dekorative Schleifen
aus Bändern und Papier
(**5205**-7) Von M. Schorege, 32 S., 28 Farbfotos, 31 Farbzeichnungen, mit Vorlagebogen in Originalgröße, kartoniert. ●

Dekorieren und Arrangieren mit
Seidenblumen
(**5200**-6) Von M. L. Sprang, 32 S., 37 Farbfotos, 14 Farbzeichnungen, mit Vorlagebogen in Originalgröße, kartoniert. ●

Schmuck- und Glückwunschkarten
Papierarchitektur · Collagen · Faltschnittkarten
(**1114**-8) Von C. Sanladerer, 64 S., 55 Farbfotos, 31 Zeichnungen, kartoniert. ●●

Einladungs-, Tisch- und Menükarten
selbst gestalten
(**1302**-7) Von S. Haenitsch-Weiß, 80 Seiten, zahlreiche Farbabbildungen, kartoniert. ●●

Basteln mit Kindern
Moosgummi
(**5271**-5) Von A. und R. Schurr, 48 Seiten, durchgehend vierfarbig, mit Vorlagebogen, kartoniert. ●

Originell und Modern
Moosgummi
(**1354**-X) Von S. Boczkowski-Sigges, 56 Seiten, 92 Farbfotos, kartoniert. ●●

Osterschmuck
Neue Ideen für Kränze, Sträuße, Gestecke
(**5267**-7) Von I. Gleim, ca. 32 Seiten, zahlr. Farbabbildungen, kartoniert. ●

Basteln mit Kindern für
Ostern
(**5283**-9) Von V. Ettelt u.a., 48 Seiten, 12 Farbf., 83 Farbzeichnungen, mit Vorlagebg., kart. ●

Ostereier originell dekorieren
(**5219**-7) Von W. Velte, 32 S., 44 Farbfotos, mit Vorlagebogen in Originalgröße, kart. ●

Fensterbilder für die Osterzeit
(**5244**-8) Von R. Lübke, D. Lübke, 32 S., ca. 50 Farbf., mit Vorlagebg. in Originalg., kart. ●

Basteln für Ostern
(**5164**-6) Von Chr. Adjano, 32 S., 47 Farbfotos, mit Vorlagebogen in Originalgröße, kart. ●

Ostereier
Basteln mit Kindern ab 5 Jahren
(**5243**-X) Von Vera Ettelt, 32 Seiten, mit Spielebogen, kartoniert. ●

Tischdekorationen für Ostern
(**5220**-0) Von Chr. Adjano, 32 S., 49 Farbfotos, mit Vorlagebogen in Originalgröße, kart. ●

Basteln und dekorieren für
Advent und Weihnachten
(**4446**-1) Von G. Teusen, C. Netolitzky, 176 S., 285 Farbf., mit Bastelvorlagebg., Pappb. ●●●

Kinderbastelbuch
für Advent und Weihnachten
(**4687**-1) Von S. Wetzel-Maesmanns, 104 S., ca. 120 Farbfotos, ca. 300 Anleitungsillustrationen, Vorlagebogen, Pappband. ●●

Lustige Bastelideen für die
Weihnachtszeit
(**5256**-1) Von B. Löschenkohl, 32 S., 8 Farbfotos, 69 Farbzeichn., Vorlagebogen, kart. ●

Basteln für Weihnachten
(**5162**-X) Von Chr. Adjano, 32 S., 44 Farbfotos, mit Vorlagebogen in Originalgröße, kart. ●

Fensterbilder Winter und Weihnachten
(**5275**-8) Von F. Michalski, 48 S., 57 Farbfotos, Vorlagebogen, kartoniert. ●

Fensterdekorationen für die Weihnachtszeit
(**5181**-6) Von Y. Thalheim, H. Nadolny, 32 S., 33 Farbfotos, mit Vorlagebogen in Originalgröße, kartoniert. ●

Fensterbilder für Advent und Weihnachten
(**5211**-1) Von M. Schorege, 32 S., 24 Farbf., 15 Zeichn., mit Vorlagebg. in Originalg., kart. ●

Strohsterne
in bunter Vielfalt
(**5273**-1) Von M. Schorege, 48 S., 46 Farbfotos, Vorlagebogen, kartoniert. ●

Duftender Weihnachtsschmuck
aus Tonpapier und Potpourris
(**5254**-1) Von S. Wetzel-Maesmanns, 32 Seiten, 38 Farbfotos, Vorlagebogen, kartoniert. ●

Duftsträuße und Potpourris
(**1239**-X) Von A. Effelsberg, 80 Seiten, ca. 200 vierfbg. Abbildungen, kartoniert. ●●

Potpourris
Rezepturen und Geschenkideen
(**5265**-0) Von U. Altmann, 32 Seiten, 53 Farbfotos, kartoniert. ●

Trockenblumen
Gewürzsträuße, Gestecke, Kränze, Buketts
(**0643**-8) Von R. Strobel-Schulze, 88 Seiten, 170 Farbfotos, kartoniert. ●●

Phantasievolles Schminken
Verzauberte Gesichter für Maskeraden, Laienspiele und Kinderfeste
(**0907**-0) Hrsg.: H. u. Y. Nadolny, 64 Seiten, 227 Farbfotos, kartoniert. ●●

Schminken für Kinder
(**5177**-8) Von Y. Thalheim, H. Nadolny, 32 S., 68 Farbfotos, mit Vorlagebogen in Originalgröße, kartoniert. ●

Do it yourself und Technik

Moderne Fotopraxis
(**4401**-1) Von G. Koshofer, Prof. H. Wedewardt, 224 S., 363 Farbfotos, 106 s/w-Fotos, 5 Farb- und 24 s/w-Zeichnungen, Pappband. ●●●●

So macht man bessere Fotos
(**1158**-X) Von G. Koshofer, 144 S., 259 Farbfotos, 25 s/w-Fotos, kartoniert. ●●

So macht man bessere Kinderfotos
(**1459**-7) Von G. Koshofer, ca. 120 Seiten, ca. 260 farbige Abbildungen, kartoniert. ●●●

Kodak Photo CD
Bilder archivieren, bearbeiten, präsentieren
(**4388**-0) Von H. Freund, ca. 176 Seiten, durchgehend vierfarbig, kartoniert. ●●●

Videografieren
Filmen mit Video 8. Technik – Bildgestaltung – Schnitt – Vertonung.
(**0843**-0) Von M. Wild, K. Möller, 120 Seiten, 101 Farbfotos, 22 s/w-Fotos, 52 Zeichnungen, kartoniert. ●●●

Videografieren perfekt
Profitricks für Aufnahmetechnik und Nachbearbeitung
(**0969**-0) Von W. Schild, 120 S., 144 Farbabbildungen, 5 s/w-Zeichnungen, kart. ●●●

Besser VIDEOfilmen
Moderne Technik für perfekte Videos
(**1458**-9) Von W. Schild, ca. 160 Seiten, zahlreiche Farbabbildungen, kartoniert. ●●●

Videofilmen wie ein Profi
Technik · Motive · Filmaufbau · Nachbearbeitung
(**4506**-9) Von T. Pehle, 232 S., 444 Farbfotos, 61 zweifbg. Zeichnungen, Pappband. ●●●●

Do it yourself
Heimwerken
(**4117**-9) Von T. Pochert, 456 S., 1103 Farbfotos, 100 Farbabb., Pappband. ●●●●

Drechseln
Material · Technik · Beispiele
(**1306**-X) Von O. Maier, 72 S., 195 Farbabbildungen, 14 s/w-Zeichnungen, kartoniert. ●●

Do it yourself
Dachgeschoß- und Innenausbau
(**1243**-8) Von M. Maurer, 96 S., 314 Farbfotos, 35 Zeichn., kartoniert. ●●

Do it yourself
Sanitärinstallationen
(**1118**-0) Von W. Kawlath, 96 Seiten, 214 Farbabbildungen, kartoniert. ●●

Do it yourself
Metall bearbeiten
(**1119**-9) Von O. Maier, 96 S., 230 Farbfotos, 6 s/w-Zeichnungen, kartoniert. ●●

Do it yourself
Elektroarbeiten
(**0975**-5) Von K. H. Schubert, 120 S., 193 Farbfotos, 40 Zeichnungen, kartoniert. ●●

Möbel im Designer-Stil
entwerfen und bauen
(**1360**-4) Von H.-W. Bastian, ca. 64 Seiten, zahlr. Farbabbildungen, kartoniert. ●●●

Möbel für Kinderzimmer und Wohnbereich
(**1456**-2) Von H.-W. Bastian, 80 Seiten, vierfarbig, kartoniert. ●●

Schnitzen
Hölzer · Muster · Werkzeuge
(**1414**-7) Von O. Maier, ca. 64 Seiten, zahlr. Farbabbildungen, kartoniert. ●●

Modellbauelektronik
Fernsteuerungen für Autos, Schiffe, Flugzeuge
(**1361**-2) Von W. Kawlath, 80 Seiten, zahlr. Farbabbildungen, kartoniert. ●●

Alarmanlagen
für Wohnung, Haus, Auto
(**1308**-6) Von H.-W. Bastian, 64 Seiten, 81 Farbfotos, 32 Zeichnungen kartoniert. ●●

Solarstromanlagen
bauen und installieren
(**1457**-0) Von P. Röbke-Doerr, E. Steffens, ca. 80 Seiten, ca. 100 farbige Abbildungen, kartoniert. ●●

Hifi-Boxen
(**1307**-8) Von U. Hilgefort, 96 S., 160 Farbfotos, 49 Zeichnungen, kartoniert. ●●

Technik im Garten
Pumpen · Filter · Beleuchtung
(**1238**-1) Von H.-W. Bastian, 64 S., 90 Farbfotos, 17 Farbzeichnungen, kartoniert. ●●

Restaurieren von Möbeln
Stilkunde, Materialien, Techniken, Arbeitsanleitungen in Bildfolgen.
(**4120**-9) Von E. Schnaus-Lorey, 152 S., 37 Farbf., 75 s/w-Fotos, 352 Zeichn., Pappbd. ●●●●

Elektronik als Hobby
Von der Grundlagenschaltung zum integrierten Schaltkreis
Mit 8 wichtigen Universalplatinen
(**4293**-0) Von W. Priesterath, 264 S., 80 s/w-Fotos, 128 Zeichn., Pappband. ●●●●

Die Super-Sportwagen der Welt
(**4423**-2) Von H. G. Isenberg, 194 S., 184 Farbfotos, 4 farbige Ausklapptafeln, 32 s/w-Fotos, Pappband. ●●●●

Die Super-Rennwagen der Welt
(**4707**-X) Von H. G. Isenburg, 194 Seiten, 189 Farbf., 31 s/w-Fotos, Pappband. ●●●●

Die Super-Trucks der Welt
(**4257**-4) Von H. G. Isenberg, 194 Seiten, 205 Farbfotos, 87 s/w-Fotos, 7 Farbzeichn., 4 farbige Ausklapptafeln, Pappbd. ●●●●

Die Super-Motorräder der Welt
(**4193**-4) Von H. G. Isenberg, 192 Seiten, 170 Farb- und 100 s/w-Fotos, 8 Zeichnungen, Pappband. ●●●●

Die Super-Eisenbahnen der Welt
(**4287**-6) Von W. Kosak, H. G. Isenberg, 224 S., 269 Farbfotos, 79 s/w-Fotos, 8 Vignetten, 5 farbige Ausklapptafeln, Pappband. ●●●●

Die Super-Dampfloks der Welt
(**4480**-1) Von H. Faust, H. G. Isenberg, 194 Seiten, 193 Farbfotos, mit vier Ausklapptafeln, Pappband ●●●●

Plastikmodellbau
Autos, Schiffe, Flugzeuge in vollendeter Technik.
(**1116**-4) Von W. Kawlath, 96 Seiten, 272 Farbabbildungen, kartoniert. ●●

Spiele und Denksport

Spielbare Witze für Kinder
(**0824**-4) Von H. Schmalenbach, 112 Seiten, 30 Zeichnungen, kartoniert. ●

Neue spielbare Witze für Kinder
(**1173**-3) Von H. Schmalenbach, 96 Seiten, 31 Zeichnungen, kartoniert. ●

Scherzfragen, Drudel und Blödeleien
gesammelt von Kindern.
(**0506**-7) Hrsg. von W. Pröve, 80 Seiten, 57 Zeichnungen, kartoniert. ●

Spiele mit Papier und Bleistift
(**2044**-9) Von K.-H. Koch, ca. 96 Seiten, kartoniert. ●

Der Elefant in meiner Hand …
Fingerspiele
für Kinder vom Baby – bis zum Grundschulalter
(**2043**-0) Von G. Falkenberg, 72 Seiten, 146 Farbzeichnungen, kartoniert. ●

Kinderspiele
die Spaß machen
(**2009**-0) Von H. Müller-Stein, 104 Seiten, 28 Abbildungen, kartoniert. ●

Kinderspiele mit Buchstaben und Wörtern
(**1041**-9) Von Dr. U. Vohland, 96 Seiten, 54 Zeichnungen, kartoniert. ●

Spiel und Spaß am Krankenbett
für Kinder und die ganze Familie
(**2035**-X) Von H. Bücken, 96 Seiten, 97 Zeichnungen, kartoniert. ●

Spiele im Freien
(**2038**-4) Von G. Wagner, 88 S., 20 zweifbg.-Zeichnungen, kartoniert. ●

Spiel und Spaß zu Hause
(**2039**-2) Von U. Geißler, 80 S., 90 zweifbg. Abbildungen, kartoniert. ●

Spiel und Spaß auf Reisen
Für Kinder und die ganze Familie
(**1085**-0) Von U. Geißler, 80 S., 107 zweifbg.-Zeichnungen, kartoniert. ●

Kleine Spiele ganz groß
(**1330**-2) Von U. Vohland, 80 Seiten, 93 s/w-Zeichnungen, kart. ●

Entdeckungsspiele für die ganze Familie
Rallyes zu Fuß und mit dem Fahrrad
(**1393**-0) Von U. Vohland, 96 S., 117 Zeichnungen, kartoniert. ●●

Kinder spielen Theater
(**4696**-0) Von G. Walter, 160 S., 48 Farbfotos, 229 Farbzeichnungen, Pappband. ●●●

Guten Tag, Kinder!
Neue Texte mit Spielanleitungen fürs Kasperletheater.
(**0861**-9) Von U. Lietz, 96 S., 18 s/w-Zeichnungen, kartoniert. ●

Kasperletheater
Spieltexte und Spielanleitungen · Basteltips für Theater und Puppen.
(**0641**-1) Von U. Lietz, 114 Seiten, 4 Farbtafeln, 12 s/w-Fotos, 39 Zeichnungen, kartoniert. ●●

Kindergeburtstage, die keiner vergißt
Planung, Gestaltung, Spielvorschläge.
(**0698**-5) Von G. und G. Zimmermann, 104 S., 80 Vignetten, kartoniert. ●

Kindergeburtstag
Vorbereitung, Spiel und Spaß.
(**0287**-4) Von Dr. I. Obrig, 136 S., 40 Abb., 11 Zeichn., 9 Lieder mit Noten, kart. ●●

Unvergeßliche Kindergeburtstage
(**4705**-3) Von G. Hennekemper, 176 S., 116 Farbfotos, 134 Farbzeichn., Pappband. ●●●

Unvergeßliche Kinderpartys
Tolle Ideen für Einladungen, Dekorationen und Spiele
(**4756**-8) Von V. Mirschel, 112 S., zahlreiche Farbfotos und -zeichnungen, gebunden. ●●●

Unvergeßliche Kinderfeste
Tolle Dekorationen, Spiele, Sketche für drinnen und draußen
(**4457**-7) Von Dr. G. Hennekemper, 192 S., 111 Farbfotos, 214 Farb- und 14 s/w-Zeichnungen, 4 S. Schnittmuster, Pappband. ●●●

Spielen mit den Allerkleinsten
(**4691**-X) Von S. Horak, 128 S., 47 Farbfotos, Pappband. ●●●

Lauter tolle Sachen, die Kinder gerne machen
(**4731**-2) Hrsg. U. Barff., 352 S., 117 Farbfotos, 778 Farbzeichnungen, Pappband. ●●●●

Das große bunte Spielebuch
für Kinder von 2 bis 6 Jahren
(**4543**-3) Von R. Grabbet, 160 S., 312 Farbabbildungen, Pappband. ●●●

Mein kunterbuntes Ratebuch
Rätselspiele mit Bildern und Wörtern für Kinder von 7 bis 10 Jahren
(**4697**-9) Von D. und R. Zey, ca. 144 Seiten, durchgehend vierfarbig, gebunden. ●●●

Neues Buch der siebzehn und vier Kartenspiele
(**0095**-2) Von K. Lichtwitz, 96 S., kartoniert. ●

Alles über Pokern
Regeln und Tricks.
(**2024**-4) Von C. D. Grupp, 112 S., 29 Kartenbilder, kartoniert. ●

Rommé und Canasta
in allen Variationen.
(**2025**-2) Von C. D. Grupp, 88 S., 24 Zeichnungen, kartoniert. ●

Doppelkopf, Schafkopf, Binokel, Cego, Tarock und andere Stammtischspiele.
(**2015**-5) Von C. D. Grupp, 112 S., kartoniert. ●

Das Skatspiel
Eine Fibel für Anfänger
(**0206**-8) Von K. Lehnhoff, 96 S., kartoniert. ●

Spielend Skat lernen
unter freundlicher Mitarbeit des Deutschen Skatverbandes
(**2005**-8) Von Th. Krüger, 120 Seiten, 181 s/w-Fotos, 22 Zeichnungen, kart. ●●

Patiencen
in Wort und Bild. (**2003**-1) Von I. Wolter-Rosendorf, 120 Seiten, kartoniert. ●

Neue Patiencen
(**2036**-8) Von H. Sosna, 160 Seiten, 43 Farbtafeln, kartoniert. ●●

Spielend Bridge lernen
(**2012**-0) Von J. Weiss, 96 Seiten, 58 Zeichnungen, kartoniert. ●

Spieltechnik im Bridge
(**2004**-X) Von V. Mollo und N. Gardener, dt. Adaption von D. Schröder, 152 S., kart. ●●●

Neue Kartentricks
(**2027**-9) Von K. Pankow, 104 Seiten, 20 Abbildungen, kartoniert. ●

Das japanische Brettspiel Go
(**2020**-1) Von W. Dörholt, 104 S., 182 Diagramme, kart. ●

Spielend Go lernen
(**2041**-4) Von H. Otake, S. Futakuchi, 192 S., 615 s/w-Zeichnungen, kartoniert. ●●

Mah-Jongg
Das chinesische Glücks-, Kombinations- und Gesellschaftsspiel. (**2030**-9) Von U. Eschenbach, 80 S., 30 s/w-Fotos, 5 Zeichn., kart. ●

Backgammon
für Anfänger und Könner. (**2008**-2) Von G. W. Fink und G. Fuchs, 104 S., 41 Abb., kart. ●

Einführung in das Schachspiel
(**0104**-5) Von W. Wollenschläger und K. Colditz, 112 S., 116 Diagramme, kartoniert. ●

Schach, das königliche Spiel
Von den Grundzügen zum strategischen Spiel.
(**1105**-9) Von T. Schuster, 192 S., 302 Diagramme, kart. ●●

Spielend Schach lernen
(**2002**-3) Von T. Schuster, 96 S., , kartoniert. ●

Kinder- und Jugendschach
Offizielles Lehrbuch des Deutschen Schachbundes zur Erringung der Bauern-, Turm- und Königsdiplome.
(**0561**-X) Von B. J. Withuis, H. Pfleger, 144 S., 220 Zeichnungen und Diagramme, kart. ●●

Zug um Zug
Schach für jedermann 1
Offizielles Lehrbuch des Deutschen Schachbundes zur Erringung des Bauerndiploms.
(**0648**-9) Von H. Pfleger, E. Kurz, 80 Seiten, 24 s/w-Fotos, 8 Zeichnungen, 60 Diagramme, kartoniert. ●●

Zug um Zug
Schach für jedermann 2
Offizielles Lehrbuch des Deutschen Schachbundes zur Erringung des Turmdiploms.
(**0659**-4) Von H. Pfleger, E. Kurz, 128 Seiten, 7 s/w-Fotos, 13 Zeichnungen, 78 Diagramme, kartoniert. ●●

Zug um Zug
Schach für jedermann 3
Offizielles Lehrbuch des Deutschen Schachbundes zur Erringung des Königsdiploms.
(**0728**-0) Von H. Pfleger, G. Treppner, 128 S., 4 s/w-Fotos, 84 Diagr., 10 Zeichn., kart. ●●

Schach für Fortgeschrittene
Taktik und Probleme des Schachspiels
(**0219**-X) Von R. Teschner, 88 Seiten, 85 Diagramme, kartoniert. ●

Neue Schacheröffnungen
(**0478**-8) Von T. Schuster, 104 Seiten, 100 Diagramme, kartoniert. ●

Würfelspiele
für jung und alt. (**2007**-4) Von F. Pruss, 112 S., 21 s/w-Zeichnungen, kartoniert. ●

Roulette richtig gespielt
Systemspiele, die Vermögen brachten.
(**0121**-5) Von M. Jung, 96 S., zahlreiche Tabellen, kartoniert. ●

Spiele für Party und Familie
(**2014**-7) Von Rudi Carrell, 80 S., 22 Zeichnungen, kartoniert. ●

Neue Spiele für Ihre Party
(**2022**-8) Von G. Blechner, 120 S., 54 Zeichnungen, kartoniert. ●

Lustige Tanzspiele und Scherztänze
für Partys und Feste.
(**0165**-7) Von E. Bäulke, 80 S., 53 Abb., kart. ●

Das Spiel mit der Schwerkraft
Jonglieren
Mit Bällen, Keulen, Ringen und Diabolo.
(**1009**-5) Von S. Peter, 80 S., 149 Farbfotos, kartoniert. ●

Zaubern
einfach – aber verblüffend.
(**2018**-X) Von D. Bouch, 84 Seiten, 41 Zeichnungen, kartoniert. ●

Tips, Tricks und Gewinnstrategien für Game-Boy-Spiele
(**1235**-7) Von René Zey, 176 Seiten, 100 Zeichnungen, kartoniert. ●●

Neue Game-Boy-Spiele
Sport, Action und Adventure
(**1325**-6) Von R. Zey, 176 Seiten, 21 s/w-Zeichnungen, kartoniert. ●●

Alles über Super-Nintendo-Spiele
Technik, Tips und Facts
(**1340**-X) Von D. Mark, 104 S., zahlreiche Farbabbildungen, kartoniert. ●●

Das 3. Glücksrad Rätselbuch
(**1391**-4) 160 Seiten, kartoniert. ●●

Rätselspiele
Quiz- und Scherzfragen für gesellige Stunden
(**1270**-5) Von K. H. Schneider, ca. 80 Seiten, ca. 80 s/w-Abbildungen, kartoniert. ●

Knobeleien und Denksport
(**2019**-8) Von K. Rechberger, 142 Seiten, 105 Zeichnungen, kartoniert. ●

So feiert man Feste fröhlicher
Heitere Vorträge und Gedichte
(**0098**-7) Von Dr. Allos, 96 Seiten, 15 Abbildungen, kartoniert. ●

Die große Lachparade
Neue Texte für heitere Vorträge und Ansagen
(**0188**-6) Von E. Müller, 80 S., kartoniert. ●

Rat und Wissen

Der gute Ton
in Gesellschaft und Beruf.
(**0063**-4) Von I. Wolter, 80 S., 42 s/w-Fotos, 7 Zeichnungen, kartoniert. ●

Der gute Ton
im Privatleben.
(**1111**-3) Von I. Wolter, bearbeitet von Wolf Stenzel, 104 S., 42 s/w-Abbildungen, kart. ●

Umgangsformen heute
Die Empfehlungen des Fachausschusses für Umgangsformen.
(**4015**-6) 252 S., 108 s/w-Fotos, 17 Zeichnungen, Pappband. ●●●

Abc der modernen Umgangsformen
(**4754**-1) Von I. Wolff, ca. 300 Seiten, zahlreiche Abbildungen, gebunden. ●●●

Benehmen bei Tisch
(**0988**-7) Von I. Cording, 80 S., 90 Farbfotos, 5 s/w-Zeichnungen, kartoniert. ●●

Krawatten
Fliegen, Schals und Tücher gekonnt binden
(**1072**-9) Von Y. Thalheim, H. Nadolny, 48 S., 129 Farbfotos, 1 s/w-Foto, Pappband. ●

freundin
Farbberatung
Alle Farben, die Ihnen wirklich stehen
(**4520**-4) Von Chr. Buscher, 128 Seiten, 175 Farbfotos, Pappband. ●●●●

freundin
Das perfekte Make-up
(**4727**-4) Von M. Rüdiger, H. Kirchberger, G. Mergenburg, 128 Seiten, 271 Farbfotos, Pappband. ●●●●

freundin
Der große Ratgeber
Body Fitness
Diät · Pflege · Bräune · Gymnastk · Anti-Cellulite-Programm
(**4758**-4) Von M. Bückmann u.a., ca. 128 S., durchgehend vierfarbig, gebunden. ●●●●

freundin Ratgeber
Hochzeit feiern
(**4702**-2) Von C. von Hoerner-Nitsch, I. Weber, K. Riebartsch, C. von Bernuth, 128 Seiten, 188 Farbfotos., 28 s/w-Fotos, Pappbd. ●●●●

freundin
Typ & Frisur
(**4695**-2) Von E. Bolz, 128 S., 219 Farbfotos, Pappband. ●●●●

Gedichte, Reden und Sketche
für grüne, silberne u. goldene Hochzeitstage
(**1269**-1) Von F. Rieder, 160 S., durchgehend vierfarbig, Pappband. ●●

Von der Verlobung zur Goldenen Hochzeit
(**0393**-5) Von E. Runge, 112 Seiten, kartoniert. ●

Hochzeitszeitungen
Tolle Ideen für Leute von heute
(**1379**-5) Von Y. Thalheim, 80 S., 160 zweifbg. Abbildungen, kartoniert. ●●

Die Silberhochzeit
Vorbereitung · Einladung · Geschenkvorschläge · Dekoration · Festablauf · Menüs · Reden · Glückwünsche. (**0542**-3) Von K. F. Merkle, 112 S., 41 Zeichnungen, kartoniert. ●

Geburtstagsfeiern für jedes Alter
Planung und Festgestaltung
(**1382**-5) Von S. Ahrndt, 120 S., 145 Farbfotos, 28 Farbzeichnungen, kartoniert. ●●

Geburt und Taufe feiern
Planung und Festgestaltung
(**1443**-0) Von S. Ahrendt, 112 Seiten, 46 Farbzeichn., kartoniert. ●●

Wie soll es heißen?
(**0211**-4) Von D. Köhr, 136 S., kartoniert. ●

Unsere beliebtesten Vornamen
(**1023**-0) Von A. F. W. Weigel, 160 Seiten, 75 s/w-Fotos, Pappband. ●●

Die schönsten Vornamen
(**4755**-X) Hrsg. Dr. D. Voorgang, ca. 208 Seiten, über 100 Farbzeichnungen, gebunden. ●

Kindergedichte, Lieder und Sketche für Hochzeitsfeiern
(**1112**-1) Von B. Lins, 72 Seiten, 26 farbige Abbildungen, 15 Lieder, kartoniert. ●

Neue Kindergedichte und Lieder für Hochzeitsfeste
(**1431**-7) Von A. Schweiggert, 80 S., 27 s/w-Zeichnungen, kartoniert. ●

Kindergedichte rund ums Jahr
(**1040**-0) Von A. Schweiggert, 80 Seiten, 49 Zeichnungen, 6 Vignetten, kartoniert. ●

Kindergedichte für alle Tage und Feste
Freu dich, daß noch Blumen sprießen ...
(**1489**-9) Von G. Rudolf, 160 S., durchgehend zweifarbig, gebunden. ●●

Ins Gästebuch geschrieben
(**0576**-8) Von K. H. Trabeck, 96 Seiten, 24 Zeichnungen, kartoniert. ●

Der Verseschmied
Kleiner Leitfaden für Hobbydichter.
(**0597**-0) Von T. Parisius, 96 Seiten, 28 Zeichnungen, kartoniert. ●

Mach' dir einen Reim
Der moderne Verseschmied
(**1433**-3) Von G. Rudorf, 192 S., Pappband. ●●

Die schönsten Volkslieder
(**0432**-X) Hrsg. D. Walther, 128 S., mit Noten und Zeichnungen, kartoniert. ●

Alte und neue
Wanderlieder
(**1268**-3) Von P. G. Walter, 96 S., zweifarbig, kartoniert. ●●

Neue Glückwunschfibel
für groß und klein.
(**0156**-8) Von R. Christian-Hildebrandt, 96 S., 13 Vignetten, kartoniert. ●

Großes Buch der Glückwünsche
(**0255**-6) Hrsg. von O. Fuhrmann, 176 S., 77 Zeichnungen und viele Gestaltungsvorschläge, kartoniert. ●●

Wetter und Wind ändern sich geschwind
Beliebte Bauernregeln
(**1267**-5) Von G. Haddenbach, ca. 80 Seiten, ca. 30 zweifarbige Illustrationen, kart. ●

Beliebte Verse fürs Poesiealbum
Rosen, Tulpen, Nelken ...
(**0431**-1) Von W. Pröve, 96 Seiten, 11 Faksimile-Abbildungen, kartoniert. ●

Verse fürs Poesiealbum
(**0241**-6) Von I. Wolter, 120 Seiten, 20 Abbildungen, kartoniert. ●

Heiter und besinnliche
Verse fürs Poesiealbum
(**1069**-9) Von B. H. Bull, 160 Seiten, 70 zweifarbige Illustrationen, Pappband. ●●

Klassische Verse und Zitate
Für Glückwünsche, Briefe, Reden und Poesiealben
(**1223**-3) Von P. Motzan, 224 Seiten, 40 Abbildungen, Pappband. ●●

Die Kunst der freien Rede
Ein Intensivkurs mit vielen Übungen, Beispielen und Lösungen.
(**4189**-6) Von G. Hirsch, 232 Seiten, 11 Zeichnungen, Pappband. ●●●

Trinksprüche, Gästebuchverse, Richtsprüche
(**0224**-6) Von D. Kellermann, 96 Seiten, kartoniert. ●

Glückwünsche, Toasts und Festreden zu Polterabend und Hochzeit
(**0264**-5) Von I. Wolter, 112 Seiten, 18 Zeichnungen, kartoniert. ●

Trinksprüche und Festreden
(**1321**-3) Von L. Metzner, 144 S., 13 zweifarbige Zeichnungen, Pappband. ●●

Grußworte
für Gemeindefeiern, Vereinsjubiläen und andere offizielle Anlässe
(**4741**-X) Von M. Adam, 192 S., Pappbd. ●●

Moderne Reden und Ansprachen
(**4742**-8) Von M. Adam, 464 Seiten, Pappband. ●●●●

Reden zu Familienfesten
(**0675**-6) Von G. Georg, 112 S., kartoniert. ●

Reden im Verein
Musteransprachen für viele Gelegenheiten
(**0703**-5) Von G. Georg, 112 S., kartoniert. ●

Reden zum Jubiläum
Musteransprachen für viele Gelegenheiten
(**0595**-4) Von G. Georg, 112 S., kartoniert. ●

Reden und Sprüche zu Grundsteinlegung, Richtfest und Einzug
(**0598**-0) Von A. Bruder, G. Georg, 96 Seiten, kartoniert. ●

Die überzeugende Rede
Mehr Erfolg durch bessere Rhetorik
(**0076**-6) Von K. Wolter, G. Kunz, 96 Seiten, kartoniert. ●

Moderne Korrespondenz
Handbuch für erfolgreiche Briefe
(**4014**-8) Von H. Kirst und W. Manekeller, 544 Seiten, Pappband. ●●●●

Musterbriefe
für alle Gelegenheiten.
(**0231**-9) Hrsg. von O. Fuhrmann, 240 Seiten, kartoniert. ●●

Der moderne Brief
Geschäfts- und Privatkorrespondenz empfängerorientiert schreiben
(**1440**-6) Von Dr. G. Reinert-Schneider, 112 S., 44 s/w-Zeichn., kartoniert. ●●

Geschäftsbriefe
zeitgemäß und stilsicher
(**1323**-X) Von G. Briese-Neumann, 152 S., kartoniert. ●●

Geschäftliche Briefe
für Privatleute, Handwerker und Kaufleute
(**0041**-3) Von G. Briese-Neumann, ca. 120 S., kartoniert. ●

Einladungen texten und gestalten
(**1484**-8) Von R. Zey und A. Bellingen, ca. 80 S., kartoniert. ●

Privatbriefe
Muster für alle Gelegenheiten.
(**0114**-2) Von I. Wolter-Rosendorf, 112 S., kart. ●

Erfolgstips für den Schriftverkehr
Briefgestaltung · Rechtschreibung · Zeichensetzung · Stil. (**0678**-0) Von U. Schoenwald, 112 Seiten, kartoniert. ●

Behördenkorrespondenz
Musterbriefe · Anträge · Einsprüche
(**0412**-5) Von E. Ruge, 112 S., kartoniert. ●

Worte und Briefe der Anteilnahme
(**0464**-8) Von E. Ruge, M. Adam, 88 Seiten, mit vielen Abbildungen, kartoniert. ●

Briefe zu Geburt und Taufe
Glückwünsche und Danksagungen. (**0802**-3) Von H. Beitz, 96 S., 12 Zeichnungen, kart. ●

FALKEN Rechtsberater
Fallbeispiele · Musterbriefe · Gerichtsurteile
(**4734**-7) Hrsg. S. von Hasseln, 756 Seiten, Pappband. ●●●●

Alles, was man über Erziehungsgeld, Mutterschutz, Erziehungsurlaub wissen muß
Das neue Recht für Eltern
(**0835**-X) Von K. Möcks, A. Schmitt, 144 S., kartoniert. ●●

Alles, was man über die nichteheliche Lebensgemeinschaft wissen muß
(**1071**-0) Von T. Drewes, 104 Seiten, 8 s/w-Zeichnungen, kartoniert. ●●

Scheidung und Unterhalt
nach dem neuen Eherecht.
(**0403**-6) Von T. Drewes, 112 S., mit Kosten und Unterhaltstabellen, kartoniert. ●●

Alles, was man über
Eheverträge
wissen muß
(**1483**-X) Von T. Münster, 128 Seiten, kartoniert. ●●

Alles, was man über Scheidung und Unterhalt wissen muß
(**1264**-0) Von T. Drewes, 128 Seiten, kartoniert. ●●

Alles, was man über Renten wissen muß
Mit Rentenreformgesetz 1992
(**1265**-9) Von K. Möcks, A. Schmitt, 112 Seiten, kartoniert. ●●

Rasthaus-Ratgeber
Kinder haben keine Bremse
Verkehrserziehung für Kinder ab 3 Jahren
(**1497**-X) Von H.-D. Barth, 80 S, durchgehend vierfarbig, kartoniert. ●●

Rasthaus-Ratgeber
Stop dem Autoklau
Die wirksamsten Methoden gegen Autodiebstahl
(**1485**-6) Von M. Maurer, 64 Seiten, durchgehend vierfarbig, kartoniert. ●●

Rasthaus-Ratgeber
Gebrauchtwagenkauf
Auswahl · Bewertung · Kaufvertrag
(**1498**-8) Von U. Traub, 80 Seiten, durchgehend vierfarbig, kartoniert. ●●

Wolfgang Büsers Erfolgstips
Rentenreform '92
(**1244**-6) Von W. Büser, 80 S., kartoniert. ●

Wolfgang Büsers Erfolgstips
Teilzeitarbeit
(**1266**-7) Von W. Büser, 80 S., kartoniert. ●●

Wolfgang Büsers Erfolgstips
(Lohn-) Einkommensteuer '92
Aktuell: Zinssteuer '93
(**1324**-8) Von W. Büser, 176 S., kartoniert. ●●

Vermögensbildung mit System
Anlageformen · Strategien · Praxistips
(**1445**-7) Von W. Schwanfelder, 160 Seiten, kartoniert. ●●

Alles, was man über BAföG wissen muß
(**1387**-6) Von A. Mengeringhausen, 144 Seiten, kartoniert. ●●

Testament und Erbschaft
Erbfolge, Rechte und Pflichten der Erben, Erbschafts- und Schenkungssteuer, Mustertestamente. (**4139**-X) Von T. Drewes, R. Hollender, 304 Seiten, Pappband. ●●●

Erbrecht und Testament
(**0046**-4) Von H. Wandrey, 124 S., kart. ●

Alles, was man über Testament und Erbschaft wissen muß
(**0939**-9) Von T. Drewes, 136 Seiten, 9 s/w-Zeichnungen, kartoniert. ●●

Mietrecht
Leitfaden für Mieter und Vermieter
(**0479**-6) Von J. Beuthner, 196 S., kart. ●●

Haushaltstips
praktisch und umweltfreundlich
(**1046**-X) Von K. Winkell, 96 Seiten, 36 Zeichnungen, kartoniert. ●

Texte für den Anrufbeantworter
(**1389**-2) Von G. Kunz, 80 S., 12 s/w-Zeichnungen, kartoniert. ●

Alles, was man über den Umgang mit Behörden wissen muß
(**1390**-6) Von K. Möcks, A. Schmitt, 132 Seiten, kartoniert. ●●

Wege zum Börsenerfolg
Aktien · Anleihen · Optionen
(**4275**-2) Von H. Krause, 252 S., 4 s/w-Fotos, 86 Zeichnungen, Pappband. ●●●●

Wörter und Unwörter
Sinniges und Unsinniges der deutschen Gegenwartssprache
(**1401**-7) Hrsg. Gesellschaft für deutsche Sprache, 176 Seiten, kartoniert. ●●●

Richtige Groß- und Kleinschreibung
durch neue, vereinfachte Regeln. Erläuterungen der Zweifelsfragen anhand vieler Beispiele.
(**0897**-X) Von Prof. Dr. Ch. Stetter, 96 Seiten, kartoniert. ●

Gutes Deutsch schreiben und sprechen
(**4432**-1) Von W. Manekeller, Dr. G. Reinert-Schneider, 416 S., durchgehend zweifarbig, Pappband. ●●●●

Mehr Erfolg in der Schule
Deutsche Rechtschreibung und Grammatik
Übungen und Beispiele für die Klassen 5–10.
(**4407**-0) Von K. Schreiner, 256 S., durchgehend zweifarbig, Pappband. ●●●●

Diktate besser schreiben
Übungen zur Rechtschreibung für die Klassen 4 bis 8
(**0469**-9) Von K. Schreiner, 152 S., 31 Zeichnungen, kartoniert. ●●

Deutsche Grammatik
Ein Lern- und Übungsbuch
(**0704**-3) Von K. Schreiner, 122 S., kart. ●●

Aufsätze besser schreiben
Förderkurs für die Klassen 4 – 10
(**0429**-X) Von K. Schreiner, 144 Seiten, 31 Abb., kartoniert. ●●

Mehr Erfolg in der Schule
Der Deutschaufsatz
Übungen und Beispiele für die Klassen 5 – 10.
(**4271**-X) Von K. Schreiner, 240 S., 4 s/w-Fotos, 51 Zeichnungen, Pappband. ●●●●

Mehr Erfolg in der Schule
Deutsch
Textinterpretation, Literaturgeschichte und Stilkunde
(**4483**-6) Von K. Schreiner, 272 S., 43 zweifarbige Zeichnungen, Pappband. ●●●●

Gedächtnistraining mit Eselsbrücken
(**1388**-4) Von W. Ettig, 96 S., 36 s/w-Zeichnungen, kartoniert. ●

Geschichte
Von der Französischen Revolution bis zur Gegenwart
(**4723**-1) Von K. Schreiner, 256 S., 50 s/w-Fotos, 10 Farbzeichnungen, 6 zweifarbige Landkarten, Pappband. ●●●●

Geographie
Natürliche Grundlagen · Gestaltung der Umwelt · Die Staaten der Erde
(**4724**-X) Von V. Disch, 256 S., ca. 40 Karten und Grafiken, Pappband. ●●●●

Mehr Erfolg in der Schule
Mathematik 1
Arithmetik und Algebra. Übungen, Beispiele und Lösungen für die Klassen 5 bis 10.
(**4420**-8) Von R. Müller-Fonfara, 256 Seiten, 193 Zeichn., 2 s/w-Fotos, Pappband. ●●●●

Mehr Erfolg in der Schule
Mathematik 2
Geometrie, Statistik, Wahrscheinlichkeitsrechnung und kaufmännisches Rechnen
(**4456**-9) Von R. Müller-Fonfara, W. Scholl, 256 Seiten, 6 s/w-Fotos, 304 Zeichnungen, Pappband. ●●●●

Mathematische Formeln für Schule und Beruf
Mit Beispielen und Erklärungen.
(**0499**-0) Von R. Müller-Fonfara, 156 Seiten, 210 Zeichnungen, kartoniert. ●●

Schülerlexikon der Mathematik
Formeln, Übungen und Begriffserklärungen für die Klassen 5 – 10
(**0430**-3) Von R. Müller-Fonfara, 176 Seiten, 96 Zeichnungen, kartoniert. ●●

Mehr Erfolg in der Schule
Mathematik 3
Analysis, analytische Geometrie und lineare Algebra
(**4541**-7) Von R. Müller-Fonfara, W. Scholl, 240 Seiten, 140 zweifarbige Grafiken, Pappband. ●●●●

Mehr Erfolg in der Schule
Mathematik 4
Für die Klassen 11 bis 13
(**4701**-0) Von R. Müller-Fonfara, W. Scholl, 240 Seiten, 91 Zeichnungen, 3 s/w-Fotos, Pappband. ●●●●

Mathematik-Textaufgaben leicht gelöst
Aufgaben · Lösungsstrategien · Anwendungsbeispiele
(**1022**-2) Von R. Müller-Fonfara, 128 Seiten, 4 Zeichnungen, kartoniert. ●●

Rechnen aufgefrischt für Schule und Beruf.
(**0100**-2) Von H. Rausch, 144 S., kartoniert. ●

Besseres Englisch
Grammatik und Übungen für die Klassen 5 bis 10.
(**0745**-0) Von E. Henrichs, 144 S., kart. ●●

Mehr Erfolg in der Schule
Englisch
Textinterpretationen
(**4518**-2) Von E. Heinrichs-Kleinen, 256 S., Pappband. ●●●●

Mehr Erfolg in der Schule
Englische Grammatik
Regeln und Übungen für die Klassen 5 bis 13
(**4431**-3) Von E. Henrichs-Kleinen, 256 S., durchgehend zweifarbig, Pappband. ●●●●

Besseres Französisch
Grammatik und Übungen für die Klassen 9 bis 11
(**1039**-7) Von R. Lübke, 114 S., durchgehend zweifarbig, kartoniert. ●●

Mehr Erfolg in der Schule
Französische Grammatik
Für die Klassen 7 bis 13
(**4703**-7) Von R. Lübke, ca. 256 S., durchgehend zweifarbig, Pappband. ●●●●

Schnell und sicher zum Führerschein
Tips und Tricks aus 30jähriger-Fahrlehrer-Praxis.
(**1232**-2) Von O. Einert, 152 S., 156 Farbfotos, 161 z.T. farb. Zeichnungen, kartoniert. ●●

Die aktuellen Prüfungsfragen und Prüfungsbogen für den Führerschein Klasse 3
(**1490**-2) 104 Seiten, 371 Farbfotos, kart. ●●

Der Test-Knacker bei Führerscheinverlust
(**1262**-4) Von T. Rieh, 128 S., kartoniert. ●●

Erfolgreiche Bewerbung um einen Ausbildungsplatz
(**0715**-9) Von H. Friedrich, 128 S., kartoniert. ●

Bewerbungsstrategien
Erfolgreiche Konzepte für Karrierebewußte
(**1027**-3) Von Dr. W. Reichel, 128 S., kart. ●●

Karriereplanung mit System
Bewerbungsstrategien für Frauen
(**4455**-0) Von R. Ibelgaufts, 144 Seiten, 20 Cartoons, Pappband. ●●

Die Bewerbung
Der moderne Ratgeber für Bewerbungsbriefe, Lebenslauf und Vorstellungsgespräche.
(**4138**-1) Von W. Manekeller, 264 Seiten, Pappband. ●●●

Die erfolgreiche Bewerbung
Bewerbung und Vorstellung
(**0173**-8) Von W. Manekeller, U. Schoenwald, 144 Seiten, kartoniert. ●●

Lebenslauf und Bewerbung
Beispiele für Inhalt, Form und Aufbau
(**0428**-1) Von H. Friedrich, 112 S., kartoniert. ●

Bewerbungsbriefe und Stellengesuche
Für handwerkliche, gewerblich-technische und kaufmännische Berufe
(**0138**-X) Von Dr. W. Reichert, 96 S., kart. ●

Das überzeugende
Vorstellungsgespräch
Erfolgreiche Strategien für den ersten Eindruck
(**1261**-6) Von R. Ibelgaufts, 144 S., kart. ●●

Vorstellungsgespräche
sicher und erfolgreich führen.
(**0636**-5) Von H. Friedrich, 144 Seiten, kart. ●

Einstellungstests und andere Methoden der Bewerberauswahl
(**1263**-2) Von Dr. R. Hilke, H. Hustedt, 160 S., 27 Zeichnungen, kartoniert. ●●

Keine Angst vor Einstellungstests
Ein Ratgeber für Bewerber.
(**0793**-6) Von Ch. Titze, 120 Seiten, 67 Zeichnungen, kartoniert. ●

Assessment Center
Erfolgstips und Übungen für Bewerber
(**1385**-X) Von H. Beitz und A. Loch, ca. 128 S., kartoniert. ●●

Berufsstart für Hochschulabsolventen
Erfolgsstrategien für Bewerbung und Vorstellung
(**1482**-1) Von Dr. W. Reichel, ca. 144 S., kart. ●●

freundin Ratgeber
Psychoterror am Arbeitsplatz
Mobbing
(**1434**-1) Von B. Huber, 160 S., kartoniert. ●●

freundin Ratgeber
Frau mit Kind
Leitfaden für Alleinerziehende
(**1476**-7) Von G. Teusen, ca. 144 S., kart. ●●

freundin
Kind und Beruf: (K)ein Problem
(**1322**-1) Von I. Weber, 168 Seiten, 14 Zeichnungen, kartoniert. ●●

freundin Ratgeber
Neu im Job: So überzeugen Sie
(**1259**-4) Von G. Teusen, 160 S., kart. ●●

Die ersten Tage am neuen Arbeitsplatz
Ratschläge für den richtigen Umgang mit Kollegen und Vorgesetzten
(**0855**-4) Von H. Friedrich, 104 Seiten, kart. ●

Zeugnisse im Beruf
richtig schreiben, richtig verstehen
(**0544**-X) Von H. Friedrich, 112 Seiten, kart. ●

Arbeitszeugnisse
verstehen und interpretieren
(**1444**-9) Von A. Nasemann, 136 S., kart. ●●

So lernt man leicht und schnell
Maschinenschreiben
Lehrbuch für Schulen, Lehrgänge und Selbstunterricht. (**0568**-7) Von M. Kempkes, 112 S., 48 Zeichnungen, kartoniert. ●●

FALKEN-Software
Maschinenschreiben und Tastaturtraining für Computer
(**7009**-8) Von B. Hoppius, Diskette 5 1/4" u. 3 1/2" für IBM-PC + Kompatible, mit Begleitheft. ●●●●●*

Leicht und schnell gelernt
Maschinenschreiben im Selbstunterricht
(**0170**-3) Von O. Fonfara, 88 S., kartoniert. ●

Buchführung leicht gemacht
Ein methodischer Grundkurs für den Selbstunterricht (**4238**-8) Von D. Machenheimer, R. Kersten, 252 Seiten, Pappband. ●●●●

Buchführung leicht gefaßt
Für Handwerker, Gewerbetreibende und freiberuflich Tätige.
(**0127**-4) Von R. Pohl, 104 S., kartoniert. ●

Stenografie leicht gelernt
im Kurus oder Selbstunterricht
(**0266**-1) Von H. Kaus, 64 S., kartoniert. ●

Gitarre spielen
Ein Grundkurs für den Selbstunterricht
(**0534**-2) Von A. Roßmann, 96 S., 1 Schallfolie, 150 Zeichnungen, kartoniert. ●●●

FALKEN & HOHNER: Workshop Musik
Gitarre spielen
Folk, Blues, Pop, Rock auf der akustischen Gitarre
Für Anfänger und Wiedereinsteiger
(**1437**-6) Von W. Ruß, ca. 80 S., Begleit-CD ca. 60 Min. Spieldauer, zahlreiche Illustrationen und Fotos, kartoniert. ●●●●

FALKEN & HOHNER: Workshop Musik
Keyboard spielen
Pop & Rock
Für Anfänger und Wiedereinsteiger
(**1435**-X) Von M. Lonardoni, ca. 80 Seiten, Begleit-CD, ca. 60 Min. Spieldauer, zahlreiche Illustrationen und Fotos, kartoniert. ●●●●

FALKEN & HOHNER: Workshop Musik
Singen
In Chor, Singgruppe und solo
Für Anfänger und Wiedereinsteiger
(**1436**-8) Von W. Layer, ca. 80 S., Begleit-CD ca. 60 Min. Spieldauer, zahlreiche Illustrationen und Fotos, kartoniert. ●●●●

Faszinierendes Erlebnis
Tierwelt
(**4706**-1) Von U. und W. Dolder, 196 Seiten, 314 Farbzeichnungen, Pappband. ●●●●

Das große Buch der
Antworten auf Kinderfragen
(**4477**-1) Von H. Hofmann, U. Kopp, G. Jankovics u.a., 192 Seiten, 308 Farbzeichnungen, Pappband. ●●●

FALKEN LEXIKON
Das Wissen unserer Zeit
(**4736**-3) Hrsg. Lexikographisches Institut, 1008 Seiten, 681 Farbfotos, 1142 Farbzeichn., Pappband. ●●●●

Das neue, farbige
Jugendlexikon
(**4472**-0) Von J. Frey, D. Rex, 304 Seiten, 269 und 52 s/w-Fotos, 6 Farbzeichnungen, Pappband. ●●●●

Das große farbige Kinderlexikon
(**4195**-0) Von U. Kopp, 320 S., 493 Farbabbildungen, 17 s/w-Fotos, Pappband. ●●●●

Kinder-Überraschung
(**1499**-6) Von M. Semmel, ca. 80 Seiten, durchgehend vierfarbig, kartoniert. ●●

Briefmarken sammeln
(**0481**-8) Von D. Stein, 120 S., 4 Farbtafeln, 98 s/w-Abbildungen, kartoniert. ●

Telefonkartenlexikon für Sammler
(**1406**-6) Von M. Burzan, ca. 160 Seiten, zahlreiche Farbabbildungen, kartoniert. ●●●

Telefonkarten sammeln
Serien · Preise · Sammeltips
(**1326**-4) Von M. Burzan, 128 S., 251 Farbfotos, kartoniert. ●●

Die Handschrift als Spiegel des Charakters
Graphologie
(**1025**-7) Von Dr. W. Busch, 104 S., 87 Schriftproben, kartoniert. ●

Familienforschung · Ahnentafel · Wappenkunde
Wege zur eigenen Familienchronik
(**0744**-2) Von P. Bahn, 128 S., 8 Farbtafeln, 30 Abbildungen, kartoniert. ●●

Familienforschung und Wappenkunde
(**4485**-2) Von P. Bahn, 224 S., 114 zweifarbige Abbildungen, Pappband. ●●●●●

freundin Ratgeber
Frauen allein auf Reisen
(**1260**-8) Von H. Guilino, 192 S., 7 Zeichnungen, kartoniert. ●●

Brain Building
Das Supertraining für Gedächtnis, Logik, Kreativität
(**4704**-5) Von M. vos Savant, 256 Seiten, Pappband. ●●●

Traumdeutung
Die Bildersprache unserer Traumwelt entschlüsseln
(**4486**-0) Von G. Fink, 384 Seiten, 74 zweifarbige Fotos, Pappband. ●●●●

Kinderträume
Ein Ratgeber für Eltern
(**4505**-0) Von G. Fink, 176 S., 6 s/w-Zeichnungen, Pappband. ●●●

Wahrsagen
mit den Karten der Madame Lenormand
(**1328**-0) Von B. A. Mertz, 108 Seiten, 39 s/w-Abbildungen, kartoniert. ●●

Die 12 Tierzeichen
Chinesisches Horoskop
(**0423**-0) Von G. Haddenbach, 88 Seiten, kartoniert. ●

Partnerschaftshoroskop
Glück und Harmonie mit Ihrem Traumpartner.
(**0587**-3) Von G. Haddenbach, 112 Seiten, 11 Zeichnungen, kartoniert. ●

Im Zeichen der Sterne
(**0951**-8) Der feurige Widder
(**0952**-6) Der willensstarke Stier
(**0953**-4) Die vielseitigen Zwillinge
(**0954**-2) Der feinfühlige Krebs
(**0955**-0) Der königliche Löwe
(**0956**-9) Die zuverlässige Jungfrau
(**0957**-7) Die charmante Waage
(**0958**-5) Der leidenschaftliche Skorpion
(**0959**-3) Der temperamentvolle Schütze
(**0960**-7) Der treue Steinbock
(**0961**-5) Der selbstbewußte Wassermann
(**0962**-3) Die romantischen Fische
Von G. Haddenbach, 64 Seiten, 35 Farbfotos, Pappband. ●

Das neue FALKEN
Computerlexikon
(**4356**-2) Von Dr. B. Kopp, 336 S., 121 s/w-Fotos, 184 Computergrafiken, Pappbd. ●●●●

Computer-Grundwissen
Eine Einführung in Funktion und Einsatzmöglichkeiten
(**4359**-7) Von Chr. T. Wolff, 176 S., 182 Farbfotos, kartoniert. ●●●●
(**4358**-9) Pappband. ●●●●

Der PC
(**4732**-0) Von U. u. H. Freund, 336 Seiten, 386 Farbfotos, Pappband. ●●●●●

freundin
Das Computerbuch für Frauen
(**4372**-4) Von M. Thiel 176 S., 102 Farbfotos, 73 Zeichnungen, Pappband. ●●●●

Desktop Publishing: Typografie und Layout Seiten gestalten am PC · für Einsteiger und Profis
(**4330**-9) Von Dr. H. D. Baumann, M. Klein, 320 S., zahlreiche zweifarbige Abbildungen, Pappband. ●●●●●

PC HELP!
Wissenschaftliche Texte mit Word 5.5
(**4360**-0) Von P. Vogel, 80 S., 34 zweifarbige Screenshots, kartoniert. ●●

PC HELP!
Praktische Computernutzung mit Works 2.0
(**4369**-4) Von A. Görgens, 72 Seiten, 64 zweifarbige Screenshots, kartoniert. ●●

PC HELP!
DFÜ mit dem PC
(**4370**-8) Von M. Hofmann, 88 Seiten, 41 zweifarbige Screenshots, kartoniert. ●●

PC HELP!
Zeichnen mit dem PC
(**4361**-9) Von M. Hofmann, 88 S., 57 zweifarbige Screenshots, kartoniert. ●●

PC HELP!
Präsentation mit dem PC
(**4368**-6) Von M. Hofmann, 96 S., 47 zweifarbige screenshots, kartoniert. ●●

PC HELP!
CONFIG. SYS. und AUTOEXEC. BAT
Optimale Systemkonfiguration
(**4338**-4) Von A. Görgens, 64 S., ca. 50 s/w-Abbildungen und Grafiken, kartoniert. ●●

PC HELP!
DOS-Kommandos richtig nutzen
(**4339**-2) Von A. Görgens, 64 S., ca. 50 s/w-Abbildungen und Grafiken, kartoniert. ●●

PC HELP!
Die ersten Schritte mit dem PC
(**4344**-9) Von P. Vogel, H. Ebsen, 64 S., ca. 50 s/w-Abb. und Grafiken, kartoniert. ●●

PC HELP!
Mehr Speicher unter DOS nutzen
(**4345**-7) Von K. O. Kuhl, 64 S., ca. 50 s/w-Abbildungen und Grafiken, kartoniert. ●●

PC HELP!
Viren erkennen und beseitigen
(**4346**-5) Von M. Hofmann, 64 S., ca. 50 s/w-Abbildungen und Grafiken, kartoniert. ●●

DTP-Lexikon für die Praxis
(**4373**-2) 136 S., 55 s/w-Fotos, kart. ●●●

Gestalten mit Pagemaker für Windows
(**4375**-9) Von M. Hofmann, R. Titius, 116 S., 53 zweifbg. screenshots, kartoniert. ●●

Präsentationsprogramme richtig nutzen
(**4376**-7) Von M. Hofmann, 96 S., 60 zweifarbige screenshots, kartoniert. ●●

Datenaustausch 1
(**4378**-3) Von M. Hofmann, 104 Seiten, 63 zweifarbig. screenshots, kartoniert. ●●

Datenaustausch 2
(**4379**-1) Von M. Hofmann, 96 S., 34 zweifarbige screenshots, kartoniert. ●●

Update
MS-DOS 6.0
Beilage: Kurzreferenz
(**4385**-6) Von M. Hofmann, 136 S., 55 s/w-Fotos, kartoniert. ●●●

PC-Pannen selbst beheben
Hardware · Software
(**4383**-X) Von M. Hofmann, 144 S., kart. ●●●

Windows für Workgroups
(**4381**-3) Von P. Vogel, 80 S., 40 Screenshots, kartoniert. ●●

Essen und Trinken

Rezepte für 1 Person
(**1294**-2) Hrsg. M. Sauerborn, 64 S., 75 Farbfotos, kartoniert. ●

Schnell und individuell
Die raffinierte Single-Küche
(**4266**-3) Von F. Faist, 160 S., 151 Farbfotos, Pappband. ●●●●

Frischer Fang aus Fluß und Meer
Fisch
(**0964**-X) Von L. Grieser, 48 S., 52 Farbfotos, Pappband. ●●

Fischgerichte
(**1448**-1) Hrsg.: S. Koch, 64 S., ca. 50 Farbfotos, kartoniert. ●

Zart und edel
Lachs
(**1403**-1) Von H. Imhof, 64 S., 49 Farbfotos, Pappband. ●●

Geflügelgerichte
(**1348**-5) Hrsg. E. Meyer zu Stieghorst, 64 S., 71 Farbfotos, kartoniert. ●

Gaumenfreuden Tag für Tag
Pfannengerichte
(**1007**-9) Von S. Fabke, 64 S., 54 Farbfotos, Pappband. ●●

Köstliches für Genießer
Fleischgerichte
(**4699**-5) Von F. Stein, 144 S., ca. 100 Farbfotos, gebunden. ●●●

Schnitzel, Steaks & Co.
(**1417**-1) Von N. Frank, 64 Seiten, 68 Farbfotos, kartoniert. ●

Köstliches aus dem Tontopf
(**1332**-9) Hrsg. S. Kieslich, 64 Seiten, 55 Farbfotos, kartoniert. ●

Suppen und Eintöpfe
(**1449**-X) Hrsg.: S. Koch, 64 S., ca. 50 Farbfotos, kartoniert. ●

Aus eigener Küche
Gute Wurst
(**0948**-8) Von J. Bessel, G. Quaas, 80 Seiten, 8 Farbtafeln, kartoniert. ●

Aus lauter Lust und Liebe
Knoblauch
(**0867**-8) Von L. Reinirkens, 64 S., 45 Farbfotos, Pappband. ●●

Bintje, Irmgard und Sieglinde
Kartoffeln
(**1032**-X) Von S. Fabke, 64 S., 43 Farb- und 1 s/w-Foto, Pappband. ●

Kartoffelgerichte
(**1297**-7) Hrsg. I. Feldhaus, 64 S., 64 Farbfotos, kartoniert. ●

Nudelgerichte
(**1293**-4) Hrsg. E. Fuhrmann, 64 S., 66 Farbfotos, kartoniert. ●

Pasta in Höchstform
Nudeln
(**0884**-8) Von M. Kirsch, 64 S., 62 Farbfotos, Pappband. ●●

Spezialitäten unter knuspriger Decke
Aufläufe
(**0882**-1) Von C. Adam, 48 S., 33 Farbfotos, Pappband. ●●

Aufläufe
(**1295**-0) Hrsg. E. Fuhrmann, 64 S., 62 Farbfotos, kartoniert. ●

Die Krönung der feinen Küche
Saucen
(**0817**-1) Von G. Cavestri, 48 S., 40 Farbfotos, Pappband. ●●

Gemüsegerichte
(**1347**-7) Hrsg. E. Fuhrmann, 64 S., 58 Farbfotos, kartoniert. ●

Gemüseaufläufe
(**1365**-5) Hrsg. E. Fuhrmann, 64 S., 58 Farbfotos, kartoniert. ●

Die schönsten Rezepte für
Frühstück und Brunch
(**1063**-X) Von K. Kruse-Schorling, 80 Seiten, 8 Farbtafeln, kartoniert. ●

Schnelle Küche
Für 2 Personen
(**4718**-5) freundin-Kochstudio, 80 Seiten, 105 Farbf., Pappband. ●●

Kochen auf der richtigen Welle im
Grill-Mikrowellengerät
(**1395**-7) Von T. Peters, 96 S., 79 Farbfotos, kartoniert. ●●

Fritieren
(**1350**-7) Hrsg. I. Teitge, 64 S., 62 Farbf., kart. ●

Schnell auf den Tisch gezaubert
Kochen mit Mikrowellen
(**0818**-X) Von A. Danner, 64 S., 52 Farbfotos, Pappband. ●

Italienische Vorspeisen **Antipasti**
(**1006**-0) Von S. Reiter-Westphal, 64 Seiten, 47 Farbfotos, Pappband. ●●

Mexikanische Küche
(**1439**-2) Von C. Zingerling, 64 S., ca. 50 Farbfotos, kartoniert. ●

Italienische Küche
(**1299**-3) Hrsg. E. Fuhrmann, 64 S., 65 Farbfotos, kartoniert. ●

Schlemmerreise durch die
Italienische Küche
(**4172**-1) Von V. Pifferi, 160 S., 109 Farbfotos, Pappband. ●●●●

Spaghetti, Tagliatelle + Co.
Pasta all'Italiana
(**1004**-4) Von I. Seyric, 64 S., 57 Farbfotos, Pappband. ●●

Pizza
(**1352**-3) Hrsg. M. Sauerborn, 64 S., 72 Farbfotos, kartoniert. ●

Tradition mit Charme
Wiener Spezialitäten
(**1343**-4) Von G. Scolik, 64 S., 46 Farbfotos, Pappband. ●●

Schlemmerreise durch die
Französische Küche
(**4296**-5) Von H. Imhof, 160 S., 147 Farbfotos, 3 s/w-Fotos, Pappband. ●●●●

Schlemmerreise durch die
Spanische Küche
(**4500**-X) Von A. Puente, 160 S., ca. 120 Farbfotos, Pappband. ●●●●

Vom Bosporus zum Ararat
Türkische Spezialitäten
(**1191**-1) Von S. Dogan, 64 S., 44 Farbfotos, Pappband. ●●

Indische Küche
(**1404**-X) Von C. Zingerling, 64 S., 64 Farbfotos, kartoniert. ●

Schlemmerreise durch die
Thailändische Küche
(**4722**-3) Von C. Zingerling, 144 Seiten, 164 Farbfotos, Pappband. ●●●●

Köstlich fernöstlich
Asiatische Spezialitäten
(**1286**-1) Von M. Carroll, E. Mognol, 64 S., 49 Farbfotos, Pappband. ●●

Chinesische Küche
(**1289**-6) Hrsg. M. Sauerborn, 64 S., 73 Farbfotos, kartoniert. ●

Schlemmerreise durch die
Chinesische Küche
(**4184**-5) Von K. H. Jen, 160 S., 117 Farbfotos, Pappband. ●●●

Gerichte aus dem
Wok
(**1291**-8) Hrsg. M. Sauerborn, 64 S., 76 Farbfotos, kartoniert. ●

Mit Lust und Liebe **Chinesisch Kochen**
(**4441**-0) Von Ho Fu-Lung, Uli Franz, 176 Seiten, 189 Farbfotos, 29 Zeichnungen, Pappband. ●●●●

Fernöstliche Küche
(**1384**-1) Hrsg. R. Faller, 64 S., 73 Farbfotos, kartoniert. ●

Rezepte für Tisch- und Gartengrill
(**1351**-3) Hrsg. V. Müller, 64 S., 59 Farbfotos, kartoniert. ●

Braten auf dem heißen Stein
(**1300**-0) Hrsg. R. Donhauser, 64 S., 56 Farbfotos, kartoniert. ●

Rezepte rund um Raclette und Doppeldecker
(**0420**-6) Von J.W. Hochscheid, 72 S., 8 Farbtafeln, kartoniert. ●

Schlemmen in geselliger Runde
Fleischfondues
(**0966**-6) Von M. Spötter, 64 S., 62 Farbfotos, Pappband. ●●

Fondues und Raclettes
(**4253**-1) Von F. Faist, 160 S., 125 Farbfotos, Pappband. ●●●●

Fondues
(**1298**-5) Hrsg. E. Meyer zu Stieghorst, 64 S., 69 Farbfotos, kartoniert. ●

Rezepte fürs Raclette
(**1290**-X) Hrsg. S. Kieslich, 64 Seiten, 59 Farbfotos, kartoniert. ●

Raclette-Spezialitäten
(**0881**-3) Von F. Faist, 48 S., 33 Farbfotos, Pappband. ●

Knackige Salate
(**1441**-4) Hrsg.: S. Kieslich, 64 S., ca. 50 Farbfotos, kartoniert. ●

Gartenfrisch genießen
Feine Salate
(**4450**-X) Von P. Nikolay, 160 S., 122 Farbfotos, Pappband. ●●●●

Köstliche Salate
zum Verwöhnen
(**0222**-X) Von Chr. Schönherr, 96 S., 8 Farbtafeln, 30 Zeichnungen, kartoniert. ●

Salate
(**1346**-9) Hrsg. E. Furhmann, 64 S., 62 Farbfotos, kartoniert. ●

Frisch und leicht als Hauptgericht
Schlemmersalate
(**0934**-8) Von C. Adam, 64 S., 49 Farbfotos, Pappband. ●●

Gesund und vielseitig **Alles mit Joghurt**
täglich selbstgemacht, mit vielen Rezepten
(**0382**-6) Von G. Volz, 64 S., 8 Farbtafeln, kartoniert. ●

Marmeladen, Gelees und Kompotte
(**1442**-2) Hrsg.: F. Stein, 64 S., ca. 50 Farbfotos, kartoniert. ●

Gesunde Ernährung für mein Kind
(**0776**-6) Von M. Bustorf-Hirsch, 112 Seiten, 8 Farbtafeln, 5 s/w-Zeichnungen, kartoniert. ●●

Eßschule
Gesunde Ernährung für Kinder im Grundschulalter
(**1314**-0) Von A. Roßmeier, 80 Seiten, 44 Farbfotos, 50 farbige Vignetten, Pappband. ●●

Lieblingsgerichte für Kinder
Mit Sonderteil: Gesunde Kost für Babys ab 6 Monaten
(**4497**-6) Von G. Righi-Spanfellner, 112 S., 27 Farbzeichnungen, Pappband. ●●●

Das essen Kinder gern
(**1405**-8) Hrsg. S. Faust, 64 S., 80 Farbfotos, kartoniert. ●

Mit Lust und Liebe ...
Vollwertküche für Genießer
(**4412**-4) Von Prof. Dr. C. Leitzmann, H. Million, 256 Seiten, 329 Farbfotos, Pappband ●●●●

Vegetarisch kochen und genießen
Alle Gerichte für 2 Personen
(**4715**-0) Von Prof. Dr. C. Leitzmann, K. Dittrich, C. u. G. Kurz, 128 S., 132 Farbfotos, Pappband. ●●●●

Das große FALKEN
Vitaminkochbuch
für Genießer
(**4714**-2) Von Prof. Dr. troph. M. Hamm, A. Roßmeier, 208 S., 224 Farbfotos, Pappband. ●●●●

Schmackhafte Vollwertkost ohne tierisches Eiweiß
(**0993**-3) Von M. Bustorf-Hirsch, 96 Seiten, 54 Farbfotos, kartoniert. ●●

Cholesterinarm kochen und genießen
(**4442**-9) Von R. Unsorg, 168 S., 132 Farbfotos, kartoniert. ●●●●

Die aktuelle **Cholesterintabelle**
(**1088**-5) Von Dr. H. Oberritter, 84 Seiten, 12 zweifarbige Grafiken, kartoniert. ●

Die aktuelle Vitamin- und Mineralstofftabelle
Mit Angaben zu den wichtigsten Vitaminen und Mineralstoffen
(**1110**-5) Von Dr. H. Oberritter, 88 Seiten, 1 zweifarbige Grafik, kartoniert. ●

Die aktuelle E-Zusatzstoff-Tabelle
Über 750 Angaben zu Herkunft, Verwendung und möglichen Nebenwirkungen
(**1233**-0) Von T. Pilgram, E.Dahl, 80 Seiten, zweifarbig, kartoniert. ●

Vollwertküche für Diabetiker
Köstlich kochen und backen für die ganze Familie
(**4473**-9) Von Prof. Dr. C. Leitzmann, Prof. Dr. H. Laube, H. Million, 168 S., 172 Farbfotos, 8 Zeichnungen, Pappband. ●●●●

Kochen und backen für Diabetiker
Gesund und schmackhaft für die ganze Familie
(**4467**-4) Von Dr. med. M. Toeller, W. Schumacher, A. Groote, Dr. troph. A. Klischan, 176 S., 182 Farbfotos, Pappband. ●●●●

Die Sojaküche
Gesund und abwechslungsreich essen
(**0553**-9) Von U. Kolster, 80 S., 8 Farbtafeln, kartoniert. ●

Gesund kochen mit Keimen und Sprossen
(**0794**-9) Von M. Bustorf-Hirsch, 96 S., 4 Farbtafeln, 13 s/w-Zeichnungen, kartoniert. ●

Waffeln
Hörnchen, Pfannkuchen und Crèpes.
(**0522**-9) Von C. Stephan, 64 S., 8 Farbtafeln, kartoniert. ●

Waffeln
(**1296**-9) Hrsg. L. Steiger, 64 S., 73 Farbfotos, kartoniert. ●

Fruchtige Pfannkuchen und Crêpes
(**1446**-5) Von S. Fabke, 64 S., ca. 50 Farbfotos, kartoniert. ●

Mehr Freude und Erfolg beim
Brotbacken
(**4148**-9) Von A. und G. Eckert, 160 Seiten, 177 Farbfotos, Pappband. ●●●●

Meine Vollkornbackstube
Brot · Kuchen · Aufläufe. (**0616**-0) Von R. Raffelt, 96 S., 4 Farbtafeln, 12 Zeichnungen, kartoniert. ●

Mit Honig, Nuß und Mandelkern
Weihnachtsplätzchen
(**1287**-X) Von H. Jaacks, 64 S., 48 Farbfotos, Pappband. ●●

Backen ohne Zucker
(**1234**-9) Von H. Erkelenz, 80 S., 8 Farbtafeln, kartoniert. ●

Süße Geheimnisse eiskalt gelüftet
Eis und Sorbets
(**0870**-8) Von H. W. Liebheit, 48 S., 38 Farbfotos, Pappband. ●●

Haltbarmachen in der Öko-Küche
Gesunde Konservierungsmethoden für Obst, Gemüse, Kräuter und Pilze. (**0923**-2) Von M. Bustorf-Hirsch, 120 S., 92 Farbabbildungen, kartoniert. ●●

Komm, koch und back mit mir
Kunterbuntes Kochvergnügen für Kinder.
(**4285**-X) Von S. und H. Theilig, illustriert von B. v. Hayek, 112 S., 45 Farbabbildungen, Pappband. ●●

Lieblingsgerichte für Kinder
Kerngesund und kunterbunt
(**4497**-6) Von G. Righi-Spanfellner, 112 Seiten, 27 Farbzeichnungen, Pappband. ●●●

Lirum, larum, Löffelstiel ...
Kinder kochen mit Knuddel
(**1094**-X) Von U. Bültjer, 80 S., 27 zweifarbige Zeichnungen, kartoniert. ●

Backe, backe Kuchen ...
Kinder backen mit Knuddel
(**1301**-9) Von U. Bültjer, 64 S., 34 Farbfotos, 60 Farbzeichn., kartoniert. ●

Mit Lust und Liebe
Garnieren und Verzieren
Dekoratives zu vielen Anlässen
(**4496**-8) Von M. Müller, E. Pratsch, H. Krieg, 160 Seiten, ca. 100 Farbfotos, Pappband. ●●●●

Mit Lust und Liebe **Kalte Platten & Buffets**
Anrichten und Garnieren
(**4427**-5) Von P. Grotz, 176 S., 228 Farbfotos, Pappband. ●●●●

Köstliches ganz leicht gezaubert
Raffinierte Rezepte rund um den Stabmixer
(**1453**-8) Von U. Kochendörfer, 96 Seiten, 84 Farbfotos, kartoniert. ●●

Garnieren und Verzieren
(**4236**-1) Von R. Biller, 160 S., 329 Farbfotos, 57 Zeichnungen, Pappband. ●●●●

Köstlichkeiten für Gäste und Feste
Kalte Platten
(**4200**-0) Von I. Pfliegner, 160 S., 130 Farbfotos, Pappband. ●●●●

Sandwich, Toasts & Co.
(**1331**-0) Von F. Faist, 64 Seiten, 62 Farbfotos, kartoniert. ●

Quiches, Tartes
und andere pikante Kuchen
(**1407**-4) Hrsg. I. Teitge, 64 S., 70 Farbf., kart. ●

freundin
Snacks
(**4521**-2) Von V. Müller, 80 S., 87 Farbfotos, Pappband.●●●

Kochen und backen mit Käse
(**1451**-1) Hrsg.: F. Stein, 64 S., ca. 50 Farbfotos, kartoniert. ●

Raffiniert kombiniert, schön dekoriert
Käseplatten
(**1192**-X) Von S. Carlsson, 64 S., 57 Farbfotos, Pappband.●●

FALKEN
Festival der schön gedeckten Tische
(**4738**-X) Von A. F. Endress, 204 S., 116 Farbfotos, 83 Farbzeichnungen, Pappbd. ●●●●

Der perfekt gedeckte Tisch
(**1028**-1) Von H. Tapper, 80 S., 161 Farbfotos, 13 Zeichnungen, kartoniert. ●●

Der schön gedeckte Tisch
Vom einfachen Gedeck bis zur Festtafel stimmungsvoll und perfekt arrangiert.
(**4246**-1) Von H. Tapper, 112 S., 206 Farbfotos, 21 s/w-Abbildungen, Pappband. ●●●

Servietten falten
80 Ideen für schön gedeckte Tische
(**1042**-7) Von M. Müller, O. Mikolasek, 80 S., 289 Farbfotos, 50 Zeichnungen, kart. ●●

Phantasievolle Tischdekorationen selber machen
(**0984**-4) Von Y. Thalheim, H. Nadolny, 80 S., 174 Farbfotos, 21 Zeichnungen, kart. ●●

Servietten dekorativ falten
Geschmackvolle Anregungen aus Stoff und Papier. (**0804**-X) Von H. Tapper, 32 Seiten, 134 Farbfotos, Pappband. ●

Weine und Säfte, Liköre und Sekt
selbstgemacht.
(**0702**-7) Von P. Arauner, 232 S., 76 Abb., kartoniert. ●●●

Was Weinfreunde wissen wollen
Fragen und Antworten rund um den Wein
(**1224**-1) Von Prof. Dr. H. Röder, H.-G. Dörr, ca. 224 Seiten, kartoniert. ●●

FALKEN Mixbuch
(**4733**-9) Hrsg. P. Bohrmann, 560 Seiten, 227 Farbfotos, Pappband. ●●●●

Vitamindrinks
(**1408**-2) Von H. Reith, W. Hubert, 64 Seiten, 68 Farbfotos, kartoniert. ●

Köstlich, cremig, sahnig, frisch
Mixen mit Milch
(**1151**-2) Von S. Carlsson, 64 S., 45 Farbfotos, Pappband.●

Milchmixgetränke
(**1450**-3) Von S. Carlsson, 64 S., ca. 50 Farbfotos, kartoniert. ●

Cocktails und Drinks
(**1292**-6) Hrsg. S. Kieslich, 64 S., 70 Farbfotos, kartoniert. ●

Bowlen und Punsche
(**1447**-3) Hrsg.: F. Brandl, 64 S., ca. 50 Farbfotos, kartoniert. ●

Fruchtig, spritzig, eisgekühlt
Mixen ohne Alkohol
(**0935**-6) Von S. Späth, 64 S., 44 Farbfotos, Pappband. ●●

Longdrinks
(**1345**-0) Hrsg. E. Meyer zu Stieghorst, 64 S., 79 Farbfotos, kartoniert. ●

Light Drinks
Mixen mit und ohne Alkohol
(**1222**-5) Von S. Edelberg, Heike Reith, 64 S., 48 Farbfotos, Pappband. ●●

Cocktails
(**4267**-1) Von W. R. Hoffmann, W. Hubert, U. Lottring, 160 S., 164 Farbfotos, 1 s/w-Foto, Pappband. ●●●●

Cocktails und Mixereien
für häusliche Feste und Feiern. (**0075**-8) Von J. Walker, 96 S., 4 Farbtafeln, kartoniert. ●

Das Fitmacher-Kochbuch
(**4698**-7) Von Prof. Dr. troph. M. Hamm, 112 S., ca. 100 Farbfotos, gebunden. ●●●

Schlank und gesund nach Dr. Hay
Schnelle Trennkostküche
(**4746**-0) Von H. Harper, 80 S., ca. 80 Farbfotos, kartoniert. ●●

Schlank werden nach Dr. Hay **Trennkost**
Die bewährten Vollwert-Rezepte von Ursula Summ. (**4298**-1) Von U. Summ, 96 Seiten, 54 Farbfotos, 1 Zeichnung, kartoniert. ●●

Das große Buch der Trennkost
Neue Rezepte von Ursula Summ
(**4498**-4) Von U. Summ, 144 S., ca. 100 Farbfotos, Pappband. ●●●

Gesund leben nach Dr. Hay
Cholesterinarme Trennkost
Neue Vollwert-Rezepte von Ursula Summ
(**4475**-5) Von U. Summ, 96 Seiten, 52 Farbfotos, kartoniert. ●●

Die neue Trennkost
(**4685**-5) Von U. Summ, 96 Seiten, 71 Farbfotos, kartoniert. ●●●

Das kleine 1 x 1 der Trennkost
(**1428**-7) Von S. Carlsson, 64 S., ca. 50 Farbfotos, kartoniert. ●

Schlank nach Maß
mit der Diät-Computerwaage
(**1064**-8) Von K. Alisch, 104 S., 8 Farbtafeln, kartoniert. ●

Gesundes Essen für Berufstätige
Die 4-Wochen-Vollwertkur (**1065**-6) Von M. Weber, ca. 80 S., 8 Farbtafeln, kart. ●

Garten

FALKEN Gartenjahr
(**4730**-4) Von K. Greiner, A. Weber, P. Michaeli-Achmühle, 320 Seiten, 380 Farbabbildungen, Pappband. ●●●●

Garten heute
Der moderne Ratgeber · Über 1000 Farbbilder. (**4283**-3) Von H. Jantra, 384 S., über 1000 Farbabbildungen, Pappband. ●●●●

Helmut Jantras Gartenbuch
Obst · Gemüse · Blumen
(**4522**-0) Von H. Jantra, 200 S., 395 Farbfotos, 123 Farbzeichnungen, 25 Tabellen, Pappband. ●●

1000 ganz bewährte Garten-Tips
(**4453**-4) Von H. Jantra, 320 S., 288 zweifbg. und 62 s/w-Zeichn., , Pappband. ●●●

Obst, Gemüse, Blumen, Gras
Gärtnern macht den Kindern Spaß
(**4517**-4) Von U. Krüger, 96 S., 85 Farbfotos, 180 Farbzeichznungen, Pappband. ●●

Rosen
(**4692**-8) Von H. Steinhauer, ca. 144 S., zahlr. Farbabbildungen Pappband. ●●●●●

Rosen
Auswahl · Pflege · Gestaltung
(**1183**-0) Von H. Jantra, 120 S., 200 Farbfotos, 20 Farbzeichnungen, 8 Bepflanzungspläne, kartoniert. ●●

Bunte Pracht der Stauden
Auswahl · Pflege · Gestaltung
(**1376**-0) Von H. Jantra, 112 S., 167 Farbabbildungen, kartoniert. ●●●

Erfolgstips für den Obstgarten
Gesunde Früchte durch richtige Sortenwahl und Pflege
(**0827**-9) Von F. Mühl, 184 S., 16 Farbtafeln, 33 Zeichnungen, kartoniert. ●●

Erfolgstips für den Gemüsegarten
Mit naturgemäßem Anbau zu höherem Ertrag. (**0674**-8) Von F. Mühl, 80 Seiten, 30 s/w-Fotos, 4 Zeichnungen, kartoniert. ●●

Obstgehölze sachgemäß schneiden
(**1127**-X) Von P. G. Wilhelm, 136 Seiten, 8 s/w-Abb., 367 Zeichnungen, kart.●●

Kompost im Hausgarten
herstellen und anwenden
(**1258**-6) Von H. Abels, J. Jöstingmeier, ca. 30 zweifarbige Zeichnungen, kart. ●

Der naturgemäße Zier- und Wohngarten
Anlegen · Gestalten · Pflegen
(**0748**-5) Von I. Gabriel, 128 S., 72 Farbfotos, 46 Farbzeichnungen, kartoniert. ●●

Natürlich gärtnern unter Glas und Folie
Anbauen und ernten rund ums Jahr
(**0722**-1) Von I. Gabriel, 128 S., 62 Farbfotos, 45 Farbzeichnungen, kartoniert. ●●

Nützliche Tiere im Garten
(**1472**-4) Von I. Polaschek, ca. 112 Seiten, ca. 120 Farbf., ca. 10 Farbzeichn., kartoniert. ●●

Schneckenbekämpfung
giftfrei und naturgemäß
(**1378**-7) Von B. Meyer, Y. Thalheim, 64 S., 25 s/w-Zeichnungen, 8 Farbtafeln, kart. ●●

Dekorative Kübelpflanzen
Auswahl und Plfege
(**1074**-5) Von H. Jantra, 112 S., 180 Farbfotos, 35 Farbzeichnungen, kartoniert. ●●

Blütenpracht auf Balkon und Terrasse
(**0928**-3) Von M. Haberer, 88 S., 139 Farbfotos, kartoniert. ●●

Moderne Gartengestaltung
(**1255**-1) Von K. Greiner, A. Weber, 128 S., mit Rasterbogen und Planelementen zum Ausschneiden, ca. 120 Farbfotos, ca. 20 vierfarbige Pläne, kartoniert. ●●●

Gestaltungsideen für
Schöne Gärten
(**4482**-8) Von H. Jantra, 168 S., 309 Farbfotos, 3 s/w-Fotos, , Pappband. ●●●●●

Der pflegeleichte Hausgarten
(**1170**-9) Von H. Jantra, 112 S., vierfarbige Abbildungen, kartoniert. ●●

Schöne Kräutergärten
(**1256**-X) Von H. Jantra, 112 S., vierfarbige Abbildungen, kartoniert. ●●

Kleingärten
Planen · Anlegen · Pflegen
(**1015**-X) Von H. Jantra, 88 S., 123 Farbfotos, 1 s/w-Foto, 14 Farbzeichnungen, , kart. ●●

Reihenhausgärten
Planen · Anlegen · Pflegen
(**1016**-8) Von H. Jantra, 104 S., 134 Farbfotos, 45 Farbzeichnungen, kartoniert. ●●

Kletterpflanzen
Mit Sonderteil Dachbegrünung
(**4546**-8) Von U. Mehl, K. Werk, 128 S., ca. 150 Farbfotos, farbige und s/w-Zeichnungen, Pappband. ●●●●●

Steingärten Wirkungsvoll gestalten und sachgerecht pflegen
(**4452**-6) Von A. Throll-Keller, 128 Seiten, 203 Farbfotos, 56 Farbzeichnungen, Pappband. ●●●●

Gartenteiche, Tümpel und Weiher
naturnah anlegen und pflegen
(**1073**-7) Von Dr. F. Liedl, H. Goos, 80 Seiten, 87 Farbfotos, 39 Farbzeichnungen, kart. ●●

Wasser im Garten
Von der Vogeltränke zum Naturteich · Natürliche Lebensräume selbst gestalten.
(**4230**-2) Von H. Hendel, P. Keßeler, 240 S., 315 Farbabb., 11 s/w-Fotos, Pappband. ●●●●●

Pflanzen und Tiere für den Gartenteich
(**1171**-7) Von W. Costa, 128 S., 169 Farbfotos, 40 Farbzeichnungen, 8 Bepflanzungspläne, kartoniert. ●●

Gestaltungsideen für den Wohngarten
Sitzplätze, Terrassen, Höfe und andere grüne Räume
(**4751**-7) Von H. Jantra, ca. 120 Seiten, ca. 100 Farbfotos und -zeichnungen, gebunden. ●●●●

Wintergärten
Das Erlebnis, mit der Natur zu wohnen. Planen, Bauen und Gestalten.
(**4256**-6) Von LOG ID, 136 S., 130 Farbfotos, 107 Zeichnungen, Pappband. ●●●●●

Rund ums Jahr erfolgreich gärtnern
Gewächshäuser
planen · bauen · einrichten · nutzen
(**4408**-9) Von Dr. G. Schoser, J. Wolff, 232 S., 368 Farbabb., 5 s/w-Fotos, Pappbd. ●●●●●

Das moderne Handbuch **Zimmerpflanzen**
(**4416**-X) Von H. Jantra, 304 S., 766 Farbfotos, 64 Farb- und 19 s/w-Zeichnungen, Pappband. ●●●●

365 Erfolgstips für schöne Zimmerpflanzen
(**0893**-7) Von H. Jantra, 144 S., 215 Farbfotos, kartoniert. ●●

Dekorative Blattpflanzen
Auswahl und Pflege
(**1128**-8) Von H. Jantra, 128 S., 198 Farbfotos, 20 Farbzeichnungen, kartoniert. ●●

Arbeitskalender für Zimmergärtner
(**1473**-2) Von H. Jantra, 112 Seiten, ca. 120 Farbfotos, kartoniert. ●●

Prof. Stelzers grüne Sprechstunde
Gesunde Zimmerpflanzen
Krankheiten erkennen und behandeln. Mit neuem Diagnosesystem.
(**4274**-4) Von Prof. Dr. G. Stelzer, 192 Seiten, 410 Farbfotos, 10 s/w-Zeichnungen, Pappband. ●●●●

Hydrokultur
Pflanzen ohne Erde – mühelos gepflegt.
(**0944**-5) Von H.-A. Rotter, 144 S., 167 Farbfotos, 13 Farbzeichnungen, kartoniert. ●●

Gesunde Pflanzen in
Hydrokultur
(**1257**-8) Von H.-A. Rotter, 80 Seiten, ca. 60 s/w-Zeichnungen, 8 Farbtafeln, kartoniert. ●

Bonsai Japanische Miniaturbäume und Miniaturlandschaften. Anzucht, Gestaltung und Pflege.
(**4091**-1) Von B. Lesniewicz, 160 S., 106 Farbfotos, 46 s/w-Fotos, 115 Zeichnungen, gebunden. ●●●●●

Kakteen
Auswahl · Pflege · Vermehrung
(**1429**-5) Von G. Andersohn, ca. 120 S., zahlr. Farbabbildungen, kartoniert. ●●●

Tiere

Grzimek Juniors **BUNTE TIERWELT**
(**4295**-7) Von Chr. Grzimek, 208 S., 308 Farbfotos, Pappband. ●●●●

Hunde
Rassen · Ausbildung · Pflege · Zucht
(**4118**-7) Von H. Bielfeld, 192 S., 222 Farb- und 73 s/w-Abb., Pappband. ●●●●

Das neue Hundebuch
Rassen · Aufzucht · Pflege (**0009**-X) Von W. Busack, überarbeitet von Dr. med. vet. A. H. Hacker und H. Bielfeld, 112 S., 8 Farbtafeln, 27 s/w-Fotos, 6 Zeichnungen, kartoniert. ●

Alles über Dackel, Teckel und Dachshunde
(**1079**-6) Von M. Wein-Gysae, 80 Seiten, 46 Farbfotos, 2 zweifarbige Zeichnungen, kartoniert. ●●

Hundeausbildung
Verhalten · Gehorsam · Ausbildung
(**0346**-3) Von R. Menzel, 88 S., 26 Fotos, kartoniert. ●

Grundausbildung für Gebrauchshunde
Schäferhund, Boxer, Rottweiler, Dobermann, Riesenschnauzer, Airedaleterrier, Hovawart und Bouvier.
(**0801**-5) Von M. Schmidt und W. Koch, 104 S., 8 Farbtafeln, 51 s/w-Fotos, 5 s/w-Zeichnungen, kartoniert. ●●

Der Hund in der Familie
(**1014**-1) Von J. Werner, 128 S., 106 Farbfotos, kartoniert. ●●

Der Deutsche Schäferhund
(**1091**-5) Von U. Förster, 112 S., 47 Farbzeichnungen, 2 s/w-Fotos, kartoniert. ●●

Der Deutsche Schäferhund
Aufzucht · Pflege und Ausbildung
(**0073**-1) Von A. Hacker, 104 S., 56 Abb., kart. ●

Alles über junge Hunde
(**0863**-5) Von Dr. med. vet. E. M. Bartenschlager, 64 S., 49 Farbfotos, 6 Zeichnungen, kartoniert. ●●

Richtige Hundeernährung
(**0811**-2) Von Dr. med. vet. E. M. Bartenschlager, 80 S., 51 Farbf., 4 Farbzeichn, kart. ●●

Hundekrankheiten
(**1077**-X) Von Dr. med. vet. R. Spangenberg, 96 S., 44 Farb- und 1 s/w-Foto, 22 Farbzeichnungen, kartoniert. ●●

Von Ajax bis Zamperl
Die beliebtesten Hunde-Namen
(**1174**-1) Von H.-J. Schließke, 96 Seiten, kart. ●

Die Katze in der Familie
(**1076**-1) Von U. Birr, 136 S., 112 Farbf., kart. ●●

Katzen
Rassen · Verhalten · Pflege · Zucht
(**4158**-6) Von B. Gerber, 176 S., 294 Farb- und 88 s/w-Fotos, Pappband. ●●●●

Das neue Katzenbuch
Rassen · Aufzucht · Pflege.
(**0427**-3) Von B. Eilert-Overbeck, 120 Seiten, 14 Farbfotos, 26 s/w-Fotos, kartoniert. ●

Katzenkrankheiten
erkennen und behandeln
(**1078**-8) Von Dr. med. vet. R. Spangenberg, 104 S., 40 Farbfotos und 11 Farbzeichnungen, kartoniert. ●●

Junge Katzen
(**0862**-7) Von Dr. med. vet. E. M. Bartenschlager, 72 S., 40 Farbfotos, 4 Farbzeichnungen, kartoniert. ●●

Pferde
(**4186**-1) Von H. Werner, 176 S., 196 Farb- und 50 s/w-Fotos, 100 Zeichnungen, Pappband. ●●●●

Reiten auf Gangpferden
Isländer, Pasos, Saddlehorses und andere Freizeitpferde
(**4716**-9) Von Dr. med. vet. H. Jung, ca. 112 S., zahlreiche Abbildungen, kartoniert. ●●●

Reiten im Bild
(**0415**-X) Von H. Werner, 128 S., 142 Farbfoyos, 107 Farbzeichnungen, kartoniert. ●●

Der Hobby-Imker
(**0978**-X) Von Dr. R. F. A. Moritz, 144 S., 106 zweifarbige Zeichnungen, kart. ●●

Geflügelhaltung als Hobby
(**0749**-3) Von M. Baumeister, H. Meyer, 184 S., 8 Farbtafeln, 47 s/w-Fotos, 15 zweifarbige Zeichnungen, kartoniert. ●●●

Sittiche und kleine Papageien
(**0864**-3) Von Dr. med. vet. E. M. Bartenschlager, 88 S., 84 Farbfotos, 9 Zeichnungen, kartoniert. ●●

Alles über Großsittiche
(**1320**-5) Von H. Bielfeld, 88 S., 88 Farbfotos, 3 Farbzeichnungen, kartoniert. ●●

Alles über Wellensittiche
(**1129**-6) Von H. Bielfeld, 64 S., 53 Farbfotos, 3 Zeichnungen, kartoniert. ●●

Alles über Kanarienvögel
(**0901**-1) Von H. Schnoor, 64 S., 58 Farbfotos und Zeichnungen, kartoniert. ●●

Nymphensittiche
Auswahl · Haltung · Pflege
(**1474**-0) Von F. Moll, ca. 64 Seiten, durchgehend vierfarbig, kartoniert. ●●

Beos
Haltung · Pflege · Zucht
(1475-9) Von M. Wagner, ca. 64 Seiten, durchgehend vierfarbig, kartoniert. ●●

Elternlose Jungvögel
Erste Hilfe · Aufzucht · Auswilderung
(**1319**-1) Von I. Polaschek, 80 S., 80 Farbfotos, 5 Farbzeichnungen, kartoniert. ●●

Diskusfische
Arten · Haltung · Pflege
(**1432**-5) Von H. Hirsch, 64 Seiten, 43 Farbfotos, kartoniert. ●●

Die Tiersprechstunde
Gesunde Fische im Süßwasseraquarium
(**1013**-3) Von H. J. Mayland, 96 S., 73 Farbfotos, 10 Zeichnungen, kartoniert. ●●

Alles über Zwerg- und Goldhamster
(**1012**-5) Von M. Mettler, 96 S., 96 Farbfotos, kartoniert. ●●

Alles über Chinchillas und Degus
(**1130**-X) Von M. Mettler, 96 S., 80 Farbfotos, 3 Zeichnungen, kartoniert. ●●

Alles über Meerschweinchen
(**0809**-0) Von Dr. med. vet. E. M. Bartenschlager, 72 S., 43 Farbfotos, 11 Farbzeichnungen, kartoniert. ●●

Alles über Zwergkaninchen
(**1075**-3) Von M. Mettler,. 64 S., 52 Farbfotos, kartoniert. ●●

Alles über Rennmäuse
(**1318**-3) Von M. Mettler, 80 S., 74 Vignetten, kartoniert. ●●

Sport und Fitneß

Neue Lehrmethoden der Judo-Praxis
(**0424**-9) Von P. Herrmann, 223 S., 475 Abb., kartoniert. ●●

Judo perfekt 1
(**1249**-7) Von K. Fuchs, 128 S., kartoniert. ●●

Judo perfekt 2
Wettkampftechniken im Stand
(**1461**-9) Von K. Fuchs, ca. 144Seiten, kartoniert. ●●

Fußwürfe
für Judo, Karate und Selbstverteidigung.
(**0439**-7) Von H. Nishioka, übers. von H. J. Heese, 96 S., 260 Abb., kartoniert. ●●

Karate 1
zur Selbstverteidigung
(**1312**-4) Von M. Nakayama, 96 Seiten, 315 s/w-Fotos, 5 Zeichn., kartoniert. ●●

Karate 2
zur Selbstverteidigung
(**1362**-0) Von M. Nakayama, 96 Seiten, 245 s/w-Fotos, kartoniert. ●●

Nakayamas Karate perfekt 1
Einführung.
(**0487**-7) Von M. Nakayama, 136 Seiten, 605 s/w-Fotos, kartoniert. ●●

Nakayamas Karate perfekt 2
Grundtechniken.
(**0512**-1) Von M. Nakayama, 136 Seiten, 354 s/w-Fotos, 53 Zeichnungen, kart. ●●

Nakayamas Karate perfekt 3
Kumite 1: Kampfübungen.
(**0538**-5) Von M. Nakayama, 128 Seiten, 424 s/w-Fotos, kartoniert. ●●

Nakayamas Karate perfekt 4
Kumite 2: Kampfübungen.
(**0547**-4) Von M. Nakayama, 128 Seiten, 394 s/w-Fotos, kartoniert. ●●

Nakayamas Karate perfekt 5
Kata 1: Heian, Tekki.
(**0571**-7) Von M. Nakayama, 144 Seiten, 1229 s/w-Fotos, kartoniert. ●●

Nakayamas Karate perfekt 6
Kata 2: Bassai-Dai, Kanku-Dai.
(**0600**-4) Von M. Nakayama, 144 Seiten, 1300 s/w-Fotos, 107 Zeichnungen, kart. ●●

Nakayamas Karate perfekt 7
Kata 3: Jitte, Hangetsu, Empi.
(**0618**-7) Von M. Nakayama, 144 Seiten, 1988 s/w-Fotos, 105 Zeichnungen, kart. ●●

Nakayamas Karate perfekt 8
Gankaku, Jion.
(**0650**-0) Von M. Nakayama, 144 Seiten, 1174 s/w-Fotos, 99 Zeichnungen, kart. ●●

Karate
(**2308**-1) Von A. Pflüger, 96 S., 134 Farbfotos, 4 s/w-Zeichnungen, kartoniert. ●●

Bo-Karate
Hanbo-Jitsu – die Techniken des Stockkampfes.
(**0447**-8) Von G. Stiebler, 176 S., 424 s/w-Fotos, 38 Zeichnungen, kartoniert. ●●

Karate 1
Einführung · Grundtechniken.
(**0227**-0) Von A. Pflüger, 144 S., 195 s/w-Fotos, 120 Zeichnungen, kartoniert. ●

Karate 2
Kombinationstechniken · Katas.
(**0239**-4) Von A. Pflüger, 176 S., 452 s/w-Fotos und Zeichnungen, kartoniert. ●●

Karate Kata 1
Heian 1–5, Tekki 1, Bassai-Dai.
(**0683**-7) Von W.-D. Wichmann, 164 Seiten, 703 s/w-Fotos, kartoniert. ●●

Karate Kata 2
Jion, Empi, Kanku-Dai, Hangetsu.
(**0723**-X) Von W.-D. Wichmann, 140 Seiten, 661 s/w-Fotos, 4 Zeichnungen, kart. ●●

Karate Kata 3
Bassai Sho, Kanku Sho, Nijushiho, Sochin.
(**1120**-2) Von W.-D. Wichmann, 144 Seiten, 598 s/w-Fotos, 4 Grafiken, kart. ●●

Dragon – der Drache
Die Bruce-Lee-Story
(**1415**-5) Von L. Lee, 192 S., 257 s/w-Fotos, kartoniert. ●●●

Bruce Lees Kampfstil 1
Grundtechniken
(**0473**-7) Von B. Lee, M. Uyehara, 109 Seiten, 220 Abbildungen, kartoniert. ●

Bruce Lees Kampfstil 2
Selbstverteidigungs-Techniken
(**0486**-9) Von B. Lee, M. Uyehara, 128 Seiten, 310 Abb., kartoniert. ●

Bruce Lees Kampfstil 3
Trainingslehre
(**0503**-2) Von B. Lee, M. Uyehara, 112 Seiten, 246 Abbildungen, kartoniert. ●

Bruce Lees Kampfstil 4
Kampftechniken
(**0532**-7) Von B. Lee, M. Uyehara, 104 Seiten, 211 Abbildungen, kartoniert. ●

Bruce Lee Kung-Fu
zur Selbstverteidigung
(**1399**-X) Von B. Lee, 104 Seiten, 120 s/w-Abbildungen, kartoniert. ●●

Chuck Norris
Meine Karatetechnik
Erfolgreich in Angriff und Abwehr
(**1460**-0) Von C. Norris, 128 Seiten, kartoniert. ●

Shaolin Kung-Fu 1
Grundlagen chinesischer Kampfkunst
(**1363**-9) Von C. D. Yao, R. Fassi, 124 Seiten, 207 s/w-Fotos, 30 s/w-Zeichn., kart. ●●●

Shaolin Kung-Fu 2
Kampftechniken für Angriff und Abwehr
(**1416**-3) Von C. D. Yao, R. Fassi, 144 Seiten, 581 s/w-Abb., kartoniert. ●●

Kung-Fu 1
Legende · Philosophie · Grundtechniken
(**0891**-0) Von Chr. Yim, 152 S., 401 s/w-Fotos, 2 s/w-Zeichnungen, kartoniert. ●●

Kung-Fu und Thai-Chi
Grundlagen und Bewegungsabläufe
(**0367**-6) Von B. Tegner, 182 Seiten, 370 s/w-Fotos, kartoniert. ●●

Kung Fu
Theorie und Praxis klassischer und moderner Stile
(**0376**-5) Von M. Pabst, 160 Seiten, 330 Abbildungen, kartoniert. ●●

Bruce Lees Jeet Kune Do
(**0440**-0) Von B. Lee, 192 S., mit 105 eigenhändigen Zeichnungen von B. Lee, kartoniert. ●●●

Shaolin-Kempo – Kung-Fu
Chinesisches Karate im Drachenstil.
(**0395**-1) Von R. Czerni, K. Konrad, 246 S., 723 Abbildungen, kartoniert. ●●

Kickboxen
Fitneßtraining und Wettkampfsport.
(**0795**-7) Von G. Lemmens, 96 S., 208 s/w-Fotos, 23 Zeichnungen, kartoniert. ●●

Ninja 1
Die Lehre der Schattenkämpfer.
(**0758**-2) Von S. K. Hayes, übers. von J. Schmit, 144 Seiten, 137 s/w-Fotos, kartoniert. ●●

Ninja 2
Die Wege zum Shoshin.
(**0763**-9) Von S. K. Hayes, übers. von J. Schmit, 160 S., 309 s/w-Fotos, 2 Zeichnungen, kartoniert. ●●

Ninja 3
Der Pfad des Togakure-Kämpfers.
(**0764**-7) Von S. K. Hayes, übers. von J. Schmit, 144 S., 197 s/w-Fotos, 2 Zeichnungen, kartoniert. ●●

Ninja 4
Das Vermächtnis der Schattenkämpfer.
(**0807**-4) Von S. K. Hayes, übers. von J. Schmit, 196 Seiten, 466 s/w-Fotos, kartoniert. ●●

Taekwondo perfekt 1
Die Formenschule bis zum Blaugurt.
(**0890**-2) Von K. Gil, Kim Chul-Hwan, 176 Seiten, 439 s/w-Fotos, 107 Zeichnungen, kartoniert. ●●

Taekwondo perfekt 2
Die Formenschule vom Blau- bis zum Schwarzgurt.
(**0976**-3) Von K. Gil, K. Chul-Hwan, 192 Seiten, 461 s/w-Fotos, 112 Zeichnungen, kartoniert. ●●

Taekwondo perfekt 3
(**1068**-0) Von K. Gil, K. Chul-Hwan, 200 S., 429 s/w-Fotos, kartoniert. ●●●

Taekwondo perfekt 4
(**1250**-0) Von K. Gil, 160 S., zahlr. s/w-Fotos und Schrittdiagramme, 17 Übungstafeln zum Herausnehmen, kart. ●●●

Ju-Jutsu 1
Grundtechniken · Moderne Selbstverteidigung.
(**0276**-9) Von W. Heim, F. J. Gresch, 164 S., 450 s/w-Fotos, 8 Zeichn., kartoniert. ●●

Ju-Jutsu 2
für Fortgeschrittene und Meister.
(**0378**-1) Von W. Heim, F. J. Gresch, 160 S., 798 s/w-Fotos, kartoniert. ●●

Ju-Jutsu 3
Spezial-, Gegen- und Weiterführungs-Techniken · Stockkampfkunst.
(**0485**-0) Von W. Heim, F. J. Gresch, 200 S., über 600 s/w-Fotos, kartoniert. ●●

Aikido
Lehren und Techniken des harmonischen Weges.
(**0537**-7) Von R. Brand, 280 Seiten, 697 Abbildungen, kartoniert. ●●

Hap Ki Do
Koreanische Selbstverteidigung nach dem Lehrsystem des Großmeisters.
(**0379**-X) Von Kim Sou Bong, 112 Seiten, 152 Abbildungen, kartoniert. ●●

Dynamische Tritte
Grundlagen für den Zweikampf.
(**0438**-9) Von C. Lee, 96 S., 398 s/w-Fotos, 10 Zeichnungen, kartoniert. ●●

Super-Tritte
(**1248**-9) Von W. Wallace, 136 S., kart. ●●

Selbstverteidigung
Abwehrtechniken für Sie und Ihn.
(**0853**-8) Von E. Deser, 96 S., 259 s/w-Fotos, kartoniert. ●

Die Faszination athletischer Körper
Bodybuilding
mit Weltmeister Ralf Möller.
(**4281**-7) Von R. Möller, 128 Seiten, 169 Farbfotos, 14 s/w-Fotos, 1 Farbzeichnung, Pappband. ●●●●

Ladyfitneß
Das neue Körperbewußtsein der Frau
Bodyshaping · Körperpflege · Ernährung · Entspannung
(**4433**-X) Von Prof. Dr. S. Starischka, B. Grabis, D. von Cramm, G. W. Kienitz, 128 S., 227 Farbfotos, Pappband. ●●●●

Bodybuilding für Frauen
Wege zu Ihrer Idealfigur
(**0661**-6) Von H. Schulz, 112 S., 84 s/w-Fotos, 4 Zeichnungen, kartoniert. ●

Bodybuilding
Anleitung zum Muskel- und Konditionstraining für sie und ihn
(**0604**-7) Von R. Smolana, 160 S., 171 s/w-Fotos, kartoniert. ●●

Bodybuilding
(**2314**-6) Von L. Spitz, 112 S., 203 Farbabbildungen, 10 Tabellen. ●●

Leistungsfähiger durch Krafttraining
Eine Anleitung für Fitness-Sportler, Trainer und Athleten.
(**0617**-9) Von W. Kieser, 96 S., 20 s/w-Fotos, 62 Zeichnungen, kartoniert. ●

Krafttraining
Wirbelsäulengerechte Übungen an und mit Geräten
(**1309**-4) Von A. Balk, 48 S., 8 Bildtafeln, Spiralbindung. ●●●

Muskeltraining mit Hanteln
Leistungssteigerung für Sport und Fitneß
(**0676**-4) Von H. Schulz, 104 S., 92 s/w-Fotos, 2 Zeichnungen, kartoniert. ●

Ausdauertraining
Einführung und Grundtechniken
(**1396**-5) Von G. Eyting, 32 S., 41 Farbfotos, 21 Farbzeichn., kartoniert. ●●●

Hanteltraining zu Hause
(**0800**-7) Von W. Kieser, 80 S., 71 s/w-Fotos, 4 Zeichnungen, kartoniert. ●

Optimale Ernährung
für Krafttraining und Bodybuilding.
(**0912**-7) Von B. Dahmen, 88 S., 8 Farbtafeln, 8 Zeichnungen, kartoniert. ●●

Aufwärmen
Übungen und Programme für Sport und Spiel
(**1311**-6) Von Dr. H. Wolff, 40 S., 8 Bildtafeln, Spiralbindung. ●●●

Fitneßtraining
Empfohlen vom Deutschen Sportbund
(**1245**-4) Von Marianne Schreiber, 32 Seiten, Spiralbindung mit Ausklapptafeln. ●●

Wirbelsäulengymnastik
Empfohlen vom Deutschen Sportbund
(**1246**-2) Von L. Keller, 40 Seiten, Spiralbindung mit Ausklapptafeln. ●●●

Aerobics
Low Impact, High-Impact, Step-Aerobic
(**1421**-X) Von M. Freytag-Baumgartner, 44 S., 3 Farbtafeln, 84 Farbfotos, 16 s/w-Fotos, Spiralbindung, kartoniert. ●●●

Stretching
Empfohlen vom Deutschen Sportbund
(**1247**-0) Von A. Balk, 40 Seiten, Spiralbindung mit Ausklapptafeln. ●●

Isometrisches Training
Übungen für Muskelkraft und Entspannung.
(**0529**-6) Von L. M. Kirsch, 104 S., 150 s/w-Fotos, kartoniert. ●●

Stretching
Mit Dehnungsgymnastik zu Entspannung, Geschmeidigkeit und Wohlbefinden.
(**0717**-5) Von H. Schulz, 80 S., 90 s/w-Fotos, kartoniert. ●

Stretching
(**2304**-9) Von B. Kurz, 96 S., 255 Farbfotos, kartoniert. ●●

Gesund und fit durch Gymnastik
(**0366**-8) Von H. Pilss-Samek, 88 Seiten, 130 Abbildungen, kartoniert. ●

Funktionelles Körpertraining
Grundlagen und Bewegungsprogramme
(**1367**-1) Von A. Balk, 40 S., 100 Farbfotos, kartoniert. ●●●

Spielerisch zur Kondition
Über 100 Trainingsspiele zur Verbesserung von Ausdauer, Schnelligkeit, Kraft und Beweglichkeit
(**1214**-4) Von U. Stumpp, 120 S., 30 Grafiken, kartoniert. ●●●

AOK-Videothek
Top-Form Gymnastik
Ein Bewegungsprogramm für pfundige Leute
(**6144**-7) VHS, ca. 30 Minuten, in Farbe. ●●●●*

Fit und frisch
Gymnastik für die ganze Familie
(**6501**-9) Von G. Sieber, 104 S., 306 Farbfotos, 5 Farbzeichnungen, kart., mit Audiokassette, Laufzeit 30 Min. ●●●

Sportjahr 93
Rekorde · Siege · Schicksale · Ergebnisse
Mit Sonderteil Leichtathletik-WM
(**4690**-1) 176 Seiten, 373 Farbfotos, Pappband. ●●●

Freeclimbing
Technik und Training
(**1251**-9) Von T. Strobl, 144 Seiten, durchgehend vierfarbig, kartoniert. ●●●

Fechten
Florett · Degen · Säbel.
(**0449**-4) Von E. Beck, 88 Seiten, 185 Fotos, 10 Zeichnungen, kartoniert. ●●

SportRegeln Volleyball
(**1368**-X) 88 S., 5 Farbtafeln, 19 s/w-Fotos, kartoniert. ●●

Fußball
(**2309**-X) Von H. Obermann, P. Walz, 112 Seiten, 47 Farbfotos, 18 Farb- und 25 s/w-Zeichnungen, kartoniert. ●●

Sepp Maier
Super-Torwart-Training
(**4451**-8) Von S. Maier, 168 S., 30 Farb- und 34 s/w-Fotos, 236 zweifarbige Zeichnungen, Pappband. ●●●●

Fußballtraining für Kinder und Jugendliche
Spiel- und Übungsformen zu Technik und Taktik
(**1463**-5) Von S. Asmus u. a., ca. 128 Seiten, durchgehend vierfarbig, kartoniert. ●●

SportRegeln
American Football
(**1165**-2) 136 S., 18 s/w-Fotos, kartoniert. ●

Streetball
Technik · Taktik · Spiel
(**1465**-1) Von J. Bezler und T. Paganetti, ca. 80 Seiten, durchgehend vierfarbig, kartoniert. ●●

Handball
Technik · Taktik · Regeln.
(**0426**-5) Von F. und P. Hattig, 128 Seiten, 91 s/w-Fotos, 121 Zeichnungen, kart. ●●

Handball
Grundlagen für Training und Spiel
(**2321**-9) Von H.-P. Oppermann, 120 Seiten, 39 Farbtafeln, 12 s/w-Fotos, 108 Farbzeichnungen, kartoniert. ●●

SportRegeln Handball
Die offiziellen Regeln
Wissenswertes von A bis Z
(**1099**-6) 88 Seiten, 32 s/w-Fotos, 14 Zeichnungen, kartoniert. ●

SportRegeln Rugby
Die offiziellen Regeln
Wissenswertes von A bis Z
(**1216**-0) 96 Seiten, zahlreiche zweifarbige Abbildungen, kartoniert. ●

Tennis
Technik · Taktik · Regeln.
(**0375**-7) Von W. u. S. Taferner, 112 Seiten, 81 Abbildungen., kartoniert. ●

SportRegeln Tennis
Die offiziellen Regeln
Wissenswertes von A bis Z
(**1097**-4) 88 S., 24 s/w-Fotos, 6 Zeichnungen, kartoniert. ●

Tischtennis-Technik
Der individuelle Weg zu erfolgreichem Spiel.
(**0775**-2) Von M. Perger, 144 Seiten, 296 Abbildungen, kartoniert. ●●

SportRegeln Tischtennis
Die offiziellen Regeln
Wissenswertes von A bis Z (**1252**-7) 96 S., zahlreiche zweifarbige Abb., kart. ●

Badminton
Technik · Taktik · Training.
(**0699**-3) Von K. Fuchs, L. Sologub, 168 S., 51 Abbildungen, kartoniert. ●●

SportRegeln
Badminton
(**1101**-6) 84 S., kartoniert. ●

Squash
(**2311**-1) Von P. Langhammer, R. Michna, 96 S., 86 Farbfotos, 13 Farbzeichn., kartoniert. ●●

Squash
Ausrüstung · Technik · Regeln
(**0539**-3) Von D. von Horn, H.-D. Stünitz, 96 S., 55 s/w-Fotos, 25 Zeichnungen, kart. ●

SportRegeln Squash
Wissenswertes von A bis Z
(**1100**-8) 64 S., 11 s/w-Fotos, 23 Zeichnungen, kartoniert. ●

Darts
Technik · Taktik · Spiel
(**1466**-X) Von R.W. Sohlbach, ca. 112 S., kart. ●●

Golf
Neue Wege zum erfolgreichen Spiel
(**4509**-3) Von O. Heuler, ca. 144 S., zahlr. Farbabbildungen, Pappband. ●●●●●

SportRegeln Golf
(**1315**-9) 96 S., 19 s/w-Fotos, kartoniert. ●

Golf
Ausrüstung und Technik.
(**0343**-9) Von J. C. Jessop, 96 S., 57 Abb., Anhang Golfregeln des DGV, kart. ●

Eishockey
Lauf- und Stocktechnik, Körperspiel, Taktik, Ausrüstung und Regeln.
(**0414**-1) Von J. Čapla, 264 S., 548 s/w-Fotos, 163 Zeichnungen, kartoniert. ●●●

SportRegeln
Eishockey
(**1098**-2) 116 Seiten, kartoniert. ●

Billard
Grundstöße · Viertelbillard und Freie Partie
(**1313**-2) Von Dr. H. Stingel, 112 Seiten, 196 Zeichnungen, kartoniert, ●●●

Grundlagen für Training und Spiel
Pool-Billard
(**2318**-9) Von B. Pejcic, R. Meyer, 96 S., durchgehend vierfarbig, kartoniert. ●●

Pool-Billard
(**0484**-2) Herausgegeben vom Deutschen Pool-Billard-Bund. Von M.Bach, K.-W. Kühn, 104 S., 64 Abbildungen, kartoniert. ●

FALKEN Video
Reiten
Von der ersten Stunde bis zum Ausritt
(**6097**-1) VHS, ca. 60 Min., in Farbe, mit Begleitheft. ●●●●*

Reiten
(**2322**-7) Von T. Eckholt, 128 S., durchgehend vierfarbig, kartoniert. ●●

Tanzstunde
Das Welttanzprogramm leicht gelernt
(**4409**-2) Von G. Hädrich, 164 S., 489 s/w-Fotos, 63 Zeichnungen, Pappband. ●●●

Wir lernen Tanzen
(**0200**-9) Von E. Fern, 152 S., 119 s/w-Fotos, 47 Zeichnungen, kartoniert. ●●

Anmutig und fit durch
Bauchtanz
(**0911**-9) Von Marta, 120 S., 229 Farbfotos, 6 s/w-Zeichnungen, kartoniert. ●●●

Segeln
(**1364**-X) Von H. Mönster u.a., ca. 128 Seiten, durchgehend vierfarbig, zahlr. Abbildungen, kartoniert. ●●●

Sporttauchen
Theorie und Praxis des Gerätetauchens
(**0647**-0) Von S. Müßig, 144 S., 8 Farbtafeln, 35 s/w-Fotos, 89 Zeichnungen, kart. ●●

Fit mit Sporttauchen
(**2320**-0) Von Dr. F. Naglschmid, 112 Seiten, 71 Farbfotos, 21 Zeichnungen, kart. ●●

Angelfischerei von Aal bis Zander
Fische · Geräte · Technik.
(**0324**-2) Von H. Oppel, 72 Seiten, 16 Farbtafeln, 49 s/w-Abb., kartoniert. ●●

Angeln
Kleine Fibel für den Sportfischer.
(**0198**-3) Von E. Bondick, 80 Seiten, 4 Farbtafeln, 116 Abbildungen, kartoniert. ●

Snowboarding
Ausrüstung · Fahrtechnik · Wettkämpfe
Videokassette (**6139**-0) VHS, ca. 45 Min., in Farbe. ●●●●*

Fibel für Kegelfreunde
Sport- und Freizeitkegeln · Bowling
(**0191**-6) Von G. Bocsai, 72 Seiten, 62 Abb., kartoniert ●

111spannende Kegelspiele
(**2031**-7) Von H. Regulski, 80 S., 53 Zeichnungen, kartoniert. ●

Mensch und Gesundheit

Der moderne Ratgeber
Wir werden Eltern
Schwangerschaft · Geburt · Erziehung des Kleinkindes.
(**4269**-8) Von B. Nees-Delaval, 376 Seiten, 335 2-farbige Abb., Pappband. ●●●●

Ich freue mich auf mein Baby
Ratgeber und Tagebuch für die Schwangerschaft
(**4711**-8) Von E. Portz-Schmitt, 184 S., 18 Farbfotos, 72 Farbzeichn., Pappband. ●●●●

Ich bekomme ein Baby
Wegweiser für Schwangerschaft und Geburt
(**1254**-3) Von B. Nees-Delaval, 144 Seiten, durchgehend zweifarbig, kartoniert. ●●

Wenn der Mensch zum Vater wird
Ein heiter-besinnlicher Ratgeber
(**4259**-0) Von D. Zimmer, 160 S., 20 Zeichnungen, Pappband. ●●●

AOK Bibliothek
Schwangerschaftsgymnastik und Geburtsvorbereitung
(**1423**-6) Von L. Keller, 112 S., 137 Farbfotos, 12 Farbzeichnungen, kartoniert. ●●●

Vorbereitung auf die Geburt und
Schwangerschaftsgymnastik
Atmung, Rückbildungsgymnastik,
(**0251**-3) Von S. Buchholz, 112 Seiten, 98 s/w-Fotos, kartoniert. ●

AOK-Bibliothek
Rückbildungsgymnastik
Informationen, Tips und Übungen
(**1470**-8) Von L. Keller, ca. 112 Seiten, zahlreiche Farbfotos und Farbillustrationen, kartoniert. ●●●*

AOK-Videothek
FALKEN Video
Rückbildungsgymnastik
Informationen, Tips und Übungen
(**6176**-5) Laufzeit ca. 30 Minuten. ●●●●*

Die Kunst des Stillens
nach neuesten Erkenntnissen
(**0701**-9) Von Prof. Dr. med. E. Schmidt, S. Brunn, 112 S., 20 Fotos und Zeichnungen, kartoniert. ●

Der große FALKEN BabyKurs
Pflege · Ernährung · Entwicklung · Erziehung
(**4739**-8) Von K. Schutt, ca. 352 Seiten, ca. 400 Farbfotos, gebunden. ●●●

Das Babybuch
Pflege · Ernährung · Entwicklung
(**0531**-8) Von A. Burkert, 96 Seiten, 76 zweifarbige Zeichnungen, 22 s/w-Zeichnungen, kartoniert. ●●

Babyfitneß
Massage, Spiele, Gymnastik und Schwimmen für Kinder im 1. Lebensjahr
(**1034**-6) Von G. Zeiß, 112 Seiten, 179 zweifarbige Illustrationen, , kartoniert. ●●

Wenn Kinder krank werden
Medizinischer Ratgeber für Eltern
(**4240**-X) Von B. Nees-Delaval, 232 Seiten, 163 Zeichnungen, Pappband. ●●●

Keinen Mann um jeden Preis
Das neue Selbstverständnis der Frau in der Partnerbeziehung
(**4440**-2) Von Shere Hite, Kate Colleran, 208 Seiten, Pappband. ●●●

Total verknallt... und keine Ahnung?
Alles über Liebe, Sex und Zärtlichkeit
(**1024**-9) Von H. Bruckner, R. Rathgeber, 104 S., 38 Abbildungen, kartoniert. ●●

Streicheleinheiten für Körper und Seele
Partnermassage
(**4444**-5) Von Chr. Urseld-Baumanns, 136 S., 145 Farbfotos, Pappband. ●●●●

Partner gesucht
Die besten Tips und Strategien fürs Kennenlernen
(**1481**-3) Von Dr. C. Harmsen, 128 Seiten, kartoniert. ●●

freundin Ratgeber
Glück braucht Mut
Die Psycho-Logik des Jens Corssen
(**1176**-8) Von J. Corssen, B. Schmidt, 160 S., kartoniert. ●●

freundin Ratgeber
Die faire Trennung
Wie man mit Anstand auseinandergeht
(**1477**-5) Von I. Weber, ca. 144 S., kart. ●●

Angst und Panik
Ursachen · Symptome · Therapie
(**1422**-8) Von Prof. Dr. H.-R. Lückert, 176 S., kartoniert. ●●●

Wörterbuch der Medizin
(**4535**-2) 400 Seiten, 229 Farbfotos, Pappband. ●●●●

Bildatlas des menschlichen Körpers
(**4177**-2) Von G. Pogliani, V. Vannini, 112 Seiten, 402 Farbabbildungen, 28 s/w-Fotos, Pappband. ●●●●

Richtig essen bei
Nahrungsmittelallergien
(**4745**-2) Von Dr. med. C. Thiel, A. Ilies, 128 S., ca. 90 Farbf., gebunden. ●●●

Nahrungsmittelallergien
So ernähren Sie sich richtig!
(**0913**-5) Von Priv.-Doz. Dr. med. Dr. med. habil. J. von Mayenburg, Prof. Dr. med. Dr. phil. S. Borelli, E. Polster, 136 S., kart. ●●

Neurodermitis
Ursachen · Ganzheitliche Behandlung · Selbsthilfe
(**1218**-7) Von Prof. Dr. med. Dr. phil. S. Borelli, 144 S., kartoniert. ●●

Bluthochdruck
Risikofaktoren · Vorbeugung · Behandlung
(**1125**-3) Von Prof. Dr. med. D. Klaus, R. Unsorg, G. Leibold, 152 S., 25 Farbfotos, 22 Farbzeichnungen, kartoniert. ●●●

Arteriosklerose
Risikofaktoren/Vorbeugung/Therapie
Richtige Ernährung bei erhöhtem Cholesterinspiegel.
(**1020**-6) Von Prof. Dr. med. G. Assmann, Dr. troph. U. Wahrburg, 192 S., 84 farb. Abb., 4 s/w-Zeichnungen, kartoniert. ●●●

Asthma
Pseudokrupp, Bronchitis und Lungenemphysem
Krankheitsbilder · Diagnose · Therapie
(**1126**-1) Von Prof. Dr. med. W. Schmidt, S. Ertelt, 152 S., 110 zweif. Zeichn., kart. ●●●

Risiko Herzinfarkt
Empfohlen von der Deutschen Herzstiftung
(**1217**-9) Von C. Halhuber, M. J. Halhuber, 152 S., 38 Farb- und 8 s/w-Zeichnungen, kartoniert. ●●●

So arbeitet das Immunsystem
Funktionsweise · Störungen · Natürliche Stärkung
(**1253**-5) Von V. Friebel, J. Ledvina, A. Roßmeier, 168 S., 18 Farbtafeln, 38 zweifarbige Zeichnungen, kartoniert. ●●●

Diabetes
Krankheitsbild, Therapie, Kontrollen, Schwangerschaft, Sport, Urlaub, Alltagsprobleme. Neueste Erkenntnisse der Diabetesforschung. (**0895**-3) Von Dr. med. H. J. Krönke, 120 S., 4 Farbtafeln, 14 s/w-Fotos, 13 s/w-Zeichnungen, kartoniert. ●

AOK-Bibliothek
Gesunde Haut
Ratgeber für Pflege und Gesundheit
(**1468**-6) Von Dr. med. J. Müller und Dr. med. K.-U. Schmidt, ca. 112 Seiten, zahlr. Abbildungen, durchgehend vierfarbig, kart. ●●●

Naturkosmetik
Die Grundlagen gesunder und natürlicher Hautpflege.
(**1080**-X) Von N. E. Haas, 120 Seiten, 63 Farbabbildungen, kartoniert. ●●

Die sanfte Art des Heilens
Homöopathie
Praktische Anwendung und Arzneimittellehre
(**4418**-X) Von J. H. P. Kreuter, 216 S., 49 Zeichnungen, Pappband. ●●●

Aromatherapie
Gesundheit und Entspannung durch ätherische Öle.
(**1131**-8) Von K. Schutt, 96 S., 40 zweifarbige Abbildungen, kartoniert. ●●

Heilatmen
Ein Weg zu Lebenskraft und innerer Harmonie
(**1047**-8) Von K. Schutt, 112 S., 57 zweifarbige Abbildungen, kartoniert. ●●

Bewährte Naturheilverfahren bei
Herz-Kreislauf-Erkrankungen
(**1084**-2) Von Dr. med. O. Wolff, G. Leibold, 104 Seiten, kartoniert. ●

Risiko Herzinfarkt
(**1217**-9) Von Dr. C. Halhuber, Prof. Dr. M. J. Halhuber, 160 S., durchgehend zweifarbig, kartoniert. ●●●

Krebsangst und Krebs behandeln
Mit einem Vorwort von Prof. Dr. med. Friedrich Douwes.
(**0839**-2) Von G. Leibold, 104 Seiten, kartoniert. ●

Bewährte Naturheilverfahren bei
Krebs
(**1082**-6) Hrsg. H.-R. Heiligtag, 88 Seiten, kartoniert. ●

Heilen mit Blütenenergien
nach Dr. Bach
(**1141**-5) Von J. Wenzel, ca. 96 S., kartoniert. ●

Bewährte Naturheilverfahren bei
Migräne und Schlafstörungen
(**1081**-8) Von G. Leibold, Dr. med. H. Chr. Scheiner, 112 Seiten, kartoniert. ●

Gesunder Schlaf
Schlafstörungen ohne Medikamente erfolgreich behandeln.
(**1036**-2) Von D. H. Alke, 88 S., 22 s/w-Abb., mit Audiokassette, kartoniert. ●●●

Natürliche Behandlungsmethoden bei
Rückenschmerzen
Massage · Gymnastik · Entspannung
(**4447**-X) Von Prof. Dr. med. H. Hess, K. Eder, H.-J. Montag, K. Schutt, 152 S., 168 Farbabbildungen, Pappband. ●●●

TELE-Rückenschule
Wohlbefinden durch bewußte Körpererfahrung
(**1310**-8) Von K. Haak, 64 S., 19 Farb-, 24 s/w-Fotos, 24 Zeichnungen, 2 Ausklapptafeln, mit Audiokassette, kartoniert. ●●●●

TELE-Rückenschule
Wohlbefinden durch bewußte Körpererfahrung
Videokassette (**6108**-0) VHS, ca. 60 Min., in Farbe, mit Broschüre. ●●●●*

Rheuma behandeln und lindern
Mit einem Vorwort von Dr. med. Max-Otto Bruker.
(**0836**-8) Von G. Leibold, 96 Seiten, kartoniert. ●

Besser sehen durch Augentraining
Ein Gesundheitsprogramm zur Verbesserung des Sehvermögens.
(**0914**-3) Von K. Schutt, B. Rumpler, 96 S., 32 s/w-Zeichnungen, kartoniert. ●●

So arbeitet das
Immunsystem
(**1253**-5) Von V. Friebel, I. Ledvina, A. Roßmeier, 192 Seiten, durchgehend zweifarbig, kartoniert. ●●●

Allergien behandeln und lindern
Mit einem Vorwort von Prof. Dr. med. Axel Stemmann.
(**0840**-6) Von G. Leibold, 96 Seiten, 4 Zeichnungen, kartoniert. ●

Enzyme
Vitalstoffe für die Gesundheit
(**0677**-2) Von G. Leibold, 96 S., kartoniert. ●

Besser leben durch Fasten
(**0841**-4) Von G. Leibold, 96 S., kartoniert. ●

Massagetechniken und Heilanzeigen
Reflexzonentherapie
(**4404**-6) Von G. Leibold, 128 Seiten, 53 Farbzeichnungen, Pappband. ●●●

Akupressur zur Eigenbehandlung
(**0417**-6) Von G. Leibold, 112 S., 78 Abb., kartoniert. ●

Shiatsu-Massage
Harmonisierung der Energieströme im Körper
(**0615**-2) Von G. Leibold, 196 S., 180 Abb., kartoniert. ●●●

Fußsohlenmassage
Heilanzeigen · Technik · Selbsthilfe
(**0714**-0) Von G. Leibold, 96 S., 38 Zeichnungen, kartoniert. ●

Entspannung und Schmerzlinderung durch
Massage
(**0750**-7) Von B. Rumpler, K. Schutt, 112 S., 116 zweifarbige Zeichnungen, kartoniert. ●

Gesundheit und Entspannung durch
Massage
(**1317**-5) Von K. Schutt, 168 S., 126 Farbfotos., 61 Farbzeichnungen, kartoniert. ●●●

Gesundheit für Körper und Seele
Entspannung
(**1471**-6) Von K. Schutt, ca. 80 Seiten, durchgehend zweifarbig, kartoniert, Audiokassette ca. 60 Minuten Laufzeit. ●●●●

Entspannung
(**0834**-1) Von Dr. Med. Chr. Schenk, 88 S., 29 Zeichnungen, kartoniert. ●

Autogenes Training
Ein Programm zur Streßbewältigung
(**1278**-0) Von Dr. P. Kruse, B. Pavlekovic, K. Haak, 112 S., durchgehend zweifarbig, kartoniert. ●●●

Erfolg und Lebensfreude durch
Autogenes Training und Psychokybernetik
(**1035**-4) Von D. H. Alke, 80 Seiten, 2 s/w-Zeichnungen, mit Audiokassette, kartoniert. ●●●

Chinesisches Schattenboxen
Tai-Ji-Quan
für geistige und körperliche Harmonie
(**0850**-3) Von F.T. Lie, 120 S., 221 s/w-Fotos, 9 s/w-Zeichnungen, Beilage: 1 s/w-Poster mit zahlreichen Abbildungen, kartoniert. ●●

AOK-Bibliothek
Qi-Gong im Alltag
Chinesische Atem- und Bewegungsübungen
(**1316**-7) Von L. U. Schoefer, ca. 80 Seiten, durchgehend vierfarbig, zahlreiche Fotos, kartoniert. ●●

AOK-Bibliothek
Qi-Gong im Alltag
Chinesische Atem- und Bewegungsübungen
(**1427**-9) Von L. U. Schoefer, ca. 80 Seiten, durchgehend vierfarbig, zahlreiche Fotos, kartoniert, mit Audiokassette. ●●●●

AOK-Videothek
Qi-Gong im Alltag
Chinesische Atem- und Bewegungsübungen
(**6179**-X) Von L. U. Schoefer, ca. 60 Minuten Laufzeit. ●●●●

Yoga für jeden
(**1277**-2) Von K. Zebroff, 144 Seiten, Spiralbindung, durchgehend vierfarbig, kartoniert. ●●●

Yoga
Weg zur Harmonie
(**4417**-8) Von A. Harf, W. von Rohr, 176 S., 171 Farbf., 12 s/w-Zeichn., Pappband. ●●●●

Yoga gegen Haltungsschäden und Rückenschmerzen
(**0394**-3) Von A. Raab, 104 S., 215 Abb., kart. ●

AOK-Bibliothek
Radwandern
für die Gesundheit
(**1369**-8) Von S. Kälberer, J.–U. Knoll, 128 S., 126 Farbfotos, kartoniert. ●●●

AOK-Bibliothek
Osteoporose
Vorbeugen · Diagnose · Behandlung
(**1371**-X) Von A. Baumgarten, 96 S., 74 Farbfotos, 17 Farbzeichn., kartoniert. ●●●

AOK-Bibliothek
Erkältungskrankheiten
Vorbeugung und Behandlung
(**1372**-8) Von G. Leibold, 112 S., 74 Farbfotos, 7 Farbzeichn., kartoniert. ●●●

AOK-Bibliothek
Krankenpflege zu Hause
Anleitungen, Tips und Informationen
(**1373**-6) Von S. Hof, 104 S., 68 Farbfotos, 32 Farbzeichn., kartoniert. ●●●

PfundsKur Kochbuch
(**4726**-6) Von F. Metzler, 112 S., 81 Farbfotos, Pappband. ●●●

Fit ohne Fett
Die neue PfundsKur
(**1370**-1) Von Prof. Dr. V. Pudel, 128 Seiten, kartoniert. ●

Die aktuelle
Ballaststofftabelle
(**1288**-8) Von Dr. H. Oberritter, 80 Seiten, kartoniert. ●

Neue Rezepte für **Diabetiker-Diät**
Vollwertig · abwechslungsreich · kalorienarm
(**0418**-4) Von M. Oehlrich, 96 S., 8 Farbtafeln, kartoniert. ●

Diät bei Herzkrankheiten und Bluthochdruck
Rezeptteil von B. Zöllner
(**3202**-1) Von Prof. Dr. med. H. Rottka, 92 S., 4 Farbtafeln, kartoniert. ●●

Diät bei Erkrankungen der Nieren, Harnwege und bei Dialysebehandlung
Rezeptteil von B. Zöllner.
(**3203**-X) Von Prof. Dr. med. Dr. h. c. H. J. Sarre und Prof. Dr. med. R. Kluthe, 96 S., 33 Farbfotos, 1 s/w-Zeichnung, kartoniert. ●●

Diät bei Gicht und Harnsäuresteinen
Rezeptteil von B. Zöllner.
(**3205**-6) Von Prof. Dr. med. N. Zöllner, 112 S., 35 Farbtafeln, kartoniert. ●●

Diät bei Zuckerkrankheit
Rezeptteil von B. Zöllner (**3206**-4) Von Prof. Dr. med. P. Dieterle, 112 S., 42 Farbfotos, 4 vierfarbige Vignetten, 1 s/w-Zeichnung, kartoniert. ●●

Diät bei erhöhtem Cholesterinspiegel und anderen Fettstoffwechselstörungen
Rezeptteil von B. Zöllner.
(**3208**-0) Von Prof. Dr. med. G. Wolfram, 102 S., 32 Farbfotos, kartoniert. ●●

Ballaststoffreiche Kost bei Funktionsstörungen des Darms
Rezeptteil von B. Zöllner.
(**3212**-9) Von Prof. Dr. med. H. Kasper, 96 Seiten, 34 Farbfotos, 1 s/w-Foto, kartoniert. ●●

Diät bei Krankheiten des Magens und Zwölffingerdarms
Rezeptteil von B. Zöllner
(**3201**-3) Von Prof. Dr. med. H. Kaess, 96 Seiten, 35 Farbfotos, 1 s/w-Zeichnung, kartoniert. ●●

Diät bei Krankheiten der Gallenblase, Leber und Bauchspeicheldrüse
Rezeptteil von B. Zöllner.
(**3207**-2) Von Prof. Dr. med. H. Kasper, 88 Seiten, 35 Farbfotos, 1 s/w-Zeichnung, , kartoniert. ●●

Video

Hobby Aquarellmalen
Landschaft und Stilleben
(**6022**-X) VHS, 40 Min., in Farbe, mit Begleitheft. ●●●●*

Hobby Ölmalerei
Landschaft und Stilleben
(**6025**-4) VHS, 40 Min., in Farbe, mit Begleitheft. ●●●●*

Seidenmalerei
leicht gemacht
(**6173**-0) VHS, ca. 30 Min., in Farbe ●●●●*

Basteln mit Kindern
(**6041**-6) VHS, 60 Min., in Farbe, mit Vorlagen in Originalgröße, mit Begleitheft. ●●●*

Die Modelleisenbahn
Anlagenbau in Modultechnik
(**6028**-9) VHS, 30 Min., in Farbe. ●●●●*

Golf
(**6053**-X) VHS, 60 Min., in Farbe, mit Begleitheft. ●●●●●*

Reiten
(**6097**-1) VHS, ca. 60 Min., in Farbe, mit Begleitbroschüre. ●●●●*

Karate
Einführung und Grundtechniken
(**6037**-8) VHS, ca. 45 Min., in Farbe, mit Begleitbroschüre. ●●●●*

Skigymnastik perfekt
(**6052**-1) VHS, ca. 60 Min., in Farbe, mit Begleitbroschüre. ●●●●●*

Snowboarding
(**6139**-0) VHS, ca. 45 Min., in Farbe, mit Broschüre. ●●●●*

Pflanzenjournal
Blumen- und Pflanzenpflege im Jahreslauf
(**6036**-X) VHS, 30 Minuten, mit Begleitheft. ●●●●*

Schnitt und Pflege
von Bäumen und Sträuchern
(**6050**-5) VHS, 45 Minuten, in Farbe, mit Begleitheft. ●●●●*

Erfolgreiche Streßbewältigung
Autogenes Training
Video 1: Einführung und Kurs
Video 2: Übungen
(**6132**-3) VHS, jeweils ca. 60 Minuten, in Farbe. ●●●●●*

Aktfotografie
Gestaltung/Technik/Spezialeffekte
Interpretationen zu einem unerschöpflichen Thema
(**6001**-7) VHS, 60 Min., in Farbe, mit Begleitheft. ●●●●●*

Videografieren perfekt
Profitricks für Aufnahmetechnik und Nachbearbeitung
(**6042**-4) VHS, (**6044**-4) Video 8, 60 Min., in Farbe, mit Begleitheft. ●●●●●*

Besser Videofilmen
(**6172**-2) VHS, ca. 60 Minuten, in Farbe. ●●●●●*

Top-Form Gymnastik
Ein Bewegungsprogramm für pfundige Leute
(**6144**-7) VHS, ca. 30 Minuten, in Farbe. ●●●●*

Fitt ohne Fett
PfundsKur Video
(**6142**-0) VHS, ca. 40 Min., in Farbe. ●●●●*

Streicheleinheiten für Körper und Seele
Partnermassage
(**6051**-3) VHS, 45 Min., in Farbe, mit Begleitheft. ●●●●●*

Tele Partner Massage
Zärtliche Entspannung zu zweit
(**6131**-5) VHS, ca. 60 Minuten, in Farbe. ●●●●*

Sinnliche Stunden
(**6099**-8) VHS, ca. 60 Min., in Farbe, mit Begleitbroschüre. ●●●●●*

Nie wieder rauchen
(**6100**-5) VHS, ca. 45 Min., in Farbe, mit Begleitbroschüre. ●●●●*

New York
(**6151**-X) VHS, ca. 60 Min., in Farbe. ●●●●*

Kalifornien
(**6152**-8) VHS, ca. 60 Min., in Farbe. ●●●●*

USA Südwest
(**6153**-6) VHS, ca. 60 Min., in Farbe. ●●●●*

Florida
(**6154**-4) VHS, ca. 60 Min., in Farbe. ●●●●*

Hawaii
(**6164**-1) VHS, ca. 60 Min., in Farbe. ●●●●*

Irland
(**6167**-6) VHS, ca. 60 Min., in Farbe. ●●●●*

Norwegen
(**6161**-7) VHS, ca. 60 Min., in Farbe. ●●●●*

Kanarische Inseln
(**6162**-5) VHS, ca. 60 Min., in Farbe. ●●●●*

Mallorca
(**6143**-9) VHS, ca. 60 Min., in Farbe. ●●●●*

Toscana
(**6148**-X) VHS, ca. 60 Min., in Farbe. ●●●●*

Rom
(**6145**-5) VHS, ca. 60 Min., in Farbe. ●●●●*

Venedig
(**6146**-3) VHS, ca. 60 Min., in Farbe. ●●●●*

Florenz
(**6147**-1) VHS, ca. 60 Min., in Farbe. ●●●●*

Paris
(**6157**-9) VHS, ca. 60 Min., in Farbe. ●●●●*

Wien
(**6158**-7) VHS, ca. 60 Min., in Farbe. ●●●●*

London
(**6159**-5) VHS, ca. 60 Min., in Farbe. ●●●●*

Prag
(**6165**-X) VHS, ca. 60 Min., in Farbe. ●●●●*

Griechische Inseln
(**6166**-8) VHS, ca. 60 Min., in Farbe. ●●●●*

Kuba
(**6150**-1) VHS, ca. 60 Min., in Farbe. ●●●●*

Dominikanische Republik
(**6163**-3) VHS, ca. 60 Min., in Farbe. ●●●●*

Malediven
(**6156**-0) VHS, ca. 60 Min., in Farbe. ●●●●*

Bali
(**6149**-8) VHS, ca. 60 Min., in Farbe. ●●●●*

Thailand
(**6155**-2) VHS, ca. 60 Min., in Farbe. ●●●●*

Hongkong
(**6160**-9) VHS, ca. 60 Min., in Farbe. ●●●●*

Berlin
(**6177**-3) Laufzeit ca. 60 Minuten. ●●●●*

Tunesien
(**6174**-9) Laufzeit ca. 60 Minuten. ●●●●*

Kanada
(**6178**-1) Laufzeit ca. 60 Minuten. ●●●●*

Bestellschein

Erfüllungsort und Gerichtsstand für Vollkaufleute ist der jeweilige Sitz der Lieferfirma. Für alle übrigen Kunden gilt dieser Gerichtsstand für das Mahnverfahren. Falls durch besondere Umstände Preisänderungen notwendig werden, erfolgt Auftragserledigung zu dem bei der Lieferung gültigen Preis.

Ich bestelle hiermit aus dem Falken-Verlag GmbH, Postfach 1120, D-65521 Niedernhausen/Ts., durch die Buchhandlung:

____

Ex. ____________________

Ex. ____________________

Ex. ____________________

Ex. ____________________

Name: __________ Datum: __________

Straße: __________

Ort: __________ Unterschrift: __________

Die hier vorgestellten Bücher, Videokassetten und Software sind in folgende Preisgruppen unterteilt:

● Preisgruppe bis DM 10,–/S 79,–/SFr 11,–
●● Preisgruppe über DM 10,– bis DM 20,– / S 80,– bis S 160,– / SFr 10,– bis SFr 21,–
●●● Preisgruppe über DM 20,– bis DM 30,– / S 161,– bis S 240,– / SFr 21,– bis SFr 30,–
●●●● Preisgruppe über DM 30,– bis DM 50,– / S 241,– bis S 400,– / SFr 30,– bis SFr 50,–
●●●●● Preisgruppe über DM 50,–/S 401,–/SFr 50,–
* (unverbindliche Preisempfehlung)

Die Preise entsprechen dem Status beim Druck dieses Verzeichnisses (s. Seite 1) – Änderungen, im besonderen der Preise, vorbehalten –